都構想の真実

「大阪市廃止」が導く日本の没落

藤井聡
Fujii Satoshi

啓文社書房

賛否を問わず――
あるいはむしろ「賛成派」の方にこそ、
本書の「真実」にお触れください。

はじめに　都構想の是非は民主政治のあり方につながる

今年令和2年の11月1日に、いわゆる「大阪都構想」の住民投票が行われることになりました。**5年前に否決**したのだから、なぜまた――と不思議に思われる方も多いかもしれませんが、大阪での**「政治的なかけひき」**を通して、住民投票が決定されることになったのです。

大阪の皆さんは既に5年前に「賛否の判断」をされておられるので、改めて考える必要もないとお考えかもしれませんが、あれから随分時間もたっているので、中身を忘れてしまった方も多いと思います。あるいは、今回、また少し内容が変わっているのではないかと思われる方もいるかもしれません。

ついては、筆者は5年前に出版した**『大阪都構想が日本を破壊する』を、現状を踏まえて改めて全面改定**し、出版することとしました。

「都構想」の中身は基本的には何も変わっていないのですが、設置される特別区が5つから4つに変わったということと、「公明党」と「維新」との交渉の過程で一部内容が**微修**

正されていますので、まずは、ここでは、その微修正がどういうものだったのかを解説したいと思います。

「第一章」で詳しく解説しますが、公明党は、自分の大阪での選挙区での衆議院選挙で、「維新」の選挙協力を取り付けるために、大阪都構想に「賛成」する意向を固めました。それが、今回都構想の住民投票が繰り返される最大の原因となったのですが、その交渉の過程で、公明党は、

「行政支出を増やさないようにする」

「住民サービスを低下させない」

という条件をつきつけ、維新がこれを了承。結果、都構想の「協定書」に、その二点が明記されたのですが――残念ながら、この二点は「そういう文章が書かれた」というだけの話となっています。

（第二章、第三章で詳しく解説しますが）そもそも**「都構想」とは、「大阪市を廃止」して「特別区を4つ」つくるというもの**。だから、都構想をすれば、普通は「新しい特別区役所を4つ」つくることになるのですが――それでは「行政支出が増える」ということになり、公明党の条件に合わなくなります。

だから今回は**無理矢理、「新しい役所をつくらない」ということにした**のです。じゃぁ、

どうするのかというと、既存の**「大阪市役所」と「区役所」の建物をそのまま使い続けることにしたのです**。ですが**これによって、住民サービスは下がることは必至です**。なぜなら、行政の手続きをしようとした場合、これまでは「区役所」ですべてのサービスを受けられていた案件でも、これからは理論上、**「特別区役所」の建物、「現・区役所」の建物、「現・市役所」の建物のどれか、あるいは、全てに分散されてしまうことになってしまう**からです。利用者としてはどこにいけば良いのか分からない、ということにもなってしまいますし、それがもし避けられたとしても、行政組織が「たこ足」のようなものになってしまうので、行政内部の手続きが煩雑になって、**役所で待たされる時間の激増**が危惧されます（実際、郵便局が改革されたとき、窓口のサービス水準は激しく低下したのですが、それと同じことが起こるわけです）。

しかも、そもそも大阪都構想になれば、現在の大阪市のカネ（約2000億円）と権限が大阪府に吸い上げられるので、その分、大阪市民のサービス水準が下落することは間違いない状況なのです（第二章、第三章で詳しく解説します）。

したがって、一応、協定書には、「サービス水準は下がらない」と書いてあったとしても、そういう風には「ならない」、つまり、**サービス水準は都構想で下がってしまうとしか考えられない**のです。したがって、この公明党の条件によって、大阪の行政のサービス水準は改善されるどころか**さらに下落してしまう**ことが危惧されるのです。ついては、本書を改定して出版するにあたり、こうした真実を明らかにするという趣旨で、タイトルを

都構想の真実

というものに改めた上で、出版することといたした次第です。

いずれにしてももしもここで指摘したようなサービス水準の引き下げを「避けたい」のなら、新しく役所をつくる他ありません。あるいは、サービスを維持するための増税や料金値上げなどが必要になるのですが――それでは**「行政支出を増やさないようにする」**という条件が満たされなくなります。

つまり、公明党が突きつけた「カネも使うな、でもサービスレベルを維持しろ」という条件は、何をどうしたって、**絶対に無理**な条件だったわけです。行政を十分理解している役人や専門家なら、この点は100人が100人とも認めざるを得ないところでしょう。

――ということで、結局は、**今回の協定書は、政治的な駆け引きの結果、文章の一部が修正されたり、内容にも「微調整」が加えられたものの、本質的には何も変わっていないのです。**

ついては、前回の書籍を改定するにあたり、まず第一章で今回の経緯を改めて詳しく論じた章を追記すると共に、第二章以降を現状の内容に合わせて改定することとした次第です。

いずれにしても、**大阪都構想の賛否判断は、大阪の有権者が決めるべきもの**。ただし、住民投票の結果は、大阪の未来を大きく左右することは間違いないわけですから、有権者の皆様方は今、できるだけたくさんの情報を、都構想について理解し、それぞれがしっかりと判断していくことが求められています。

ついては、そうした有権者の皆様方に、賛成者、反対者を問わず本書が読まれることを、そして、「日本の未来の民主政治のあり方そのもの」にも直結する本件に、ご関心をおもちのすべての日本国民の皆様に読んでいただくことを、強く祈念したいと思います。

どうぞ、よろしくお願いいいたします。

第一章　なぜ、否決された住民投票が復活したのか？

第二章

大阪都構想：知っておいてもらいたい「7つの事実」

第三章 大阪都構想：知っておいてもらいたい「7つの真実」

第四章　「大大阪」が日本を救う

第一章

なぜ、否決された住民投票が復活したのか？

繰り返される住民投票

2015年の住民投票で否決された、『大阪市廃止・特別区設置』構想、いわゆる『大阪都構想』（以下、「大阪都構想」と略称）は、その後の紆余曲折を経て、2020年の秋に再び、若干の修正を加えた形で、ほぼ当時の内容のまま再び住民投票が行われる見通しとなっています。

「大阪都構想」の最も重要な要素は、「大阪市民の自治を廃止するか否か」という一点です。だからこそ、その住民投票の有権者は「大阪市民」に限定されているわけです。そして、**2015年の住民投票で、大阪市民は自らの自治を廃止することについて「No」の判断を下しました**。したがって、よほどの大きな状況変化がない限り、当面の間は大阪都構想の議論そのものがお蔵入りになって然るべきだったのですが――――大阪都構想の実現を政治活動の中心に据える「大阪維新の会」（以下維新と略称）の党勢維持・拡大のための**「党利党略」的理由**から、大阪都構想の議論はその後も続けられたのです。

そして、いくつかの選挙を経て、今度は公明党が、自らの**「党利党略」的理由**から維新に協力する方向に大転換を果たし、その結果、大阪市会（市議会）においても大阪府議会においても、大阪都構想の賛成派が「過半数」を占めるに至りました。そしてその帰結として、本年2020年の秋に大阪都構想の住民投票が行われることとなったのです。

つまり、本年の大阪都構想の住民投票は、その構想の中身についての議論を経て決定されたのではなく、ただ単に、維新と公明党が、自分たちの党勢の維持と拡大のための党利党略上の都合だけで決定してしまったのです。すなわち、政治学的な冷静な検討を踏まえれば、まさに**大阪市民不在の政治力学の帰結として決定されたものが、この住民投票**だと分析せざるを得ないのです。

維新と公明党が何を考えていたのか？

そもそも、あらゆる政党が、党利党略を持つものであり、その党利党略を持つことそれ自体は責められるものではありません。「正義」の実現には政治権力が必要であり、その政治権力を入手するための正当なアプローチが党派を形成し、党利党略を持つことです。しかし、正義ではなく**党勢の維持拡大を「第一」目標に据えた党利党略は純然たる大罪**に他なりません。そして遺憾ながら、政治学的行政学的に考えて、維新と公明党は共に、正義不在のまま党勢の維持拡大のための党利党略を図っているのが実態です。

まず、維新の党利党略についての分析から解説しましょう。
言うまでもなく彼らはかつて単なる「新興勢力」であり、既存政党との差別化が党勢の維持拡大にとって必須でした。そしてその差別化のために彼らが案出したのが、「大阪都構想」でありました。そして、他党が主張していないその大阪都構想という目新しい構想を派手派手しく主張し続けることで、有権者の支持を取り付け、それを通して党勢の維持拡大を図るというのが、彼らの基本的な戦略でした。

もちろん、大阪都構想に「義」があるなら彼らの党利党略は正当化されねばなりません。しかし大阪都構想なるものには、大阪市民の利益をもたらすような義は**一切ありません**。なぜならその本質は、先にも指摘したように**「自治の廃止」**に他ならぬものであり、そして、**自治とは当該の「市民」にとって政治学的に最も崇高なる意味を持つもの**だからです（なお、自治を失うことによる行政学的な深刻な被害については後で詳しく述べたいと思います）。

したがって、**大阪都構想は、維新の党勢の維持と拡大のためだけに案出された詐称的寓話以上のものではない**のです。

一方、公明党の党利党略は、公明党の大阪府内の衆議院議員が、次の衆議院選挙における小選挙区において「勝利」することを唯一の目的として組み立てられたものです。公明党としては、「常勝関西」と呼ばれた衆議院選挙において、議席を絶対に失いたくない、そのためなら、悪魔と手を結ぶことすら辞さない、という態度を持っていると**実践政治学的**に想定されます。そしてそうした意図を公明党が持つことを知る維新は、公明党に「もしも、大阪都構想に協力をするなら、対立候補を立てないが、反対するなら対立候補を立てて、お前たちの議席を奪い取ってやる」と提案（あるいは、**脅迫**）する格好となっています。もちろん選挙における維新の支持率がさして高くなければこの脅迫は脅迫として機能しません。

しかし、維新の大阪における支持が高まれば高まる程に、この脅迫の効力が高まっていきます。

そして、大阪都構想の住民投票の否決を通して一旦衰えたやに見えた維新の支持は、いくつかの選挙を経てその後着実に上昇していき、「コロナ騒動」における吉村知事人気によってさらに高まっているのが実情です。

こうした状況の中で、大阪での衆議院小選挙区の議席を是が非でも失いたくない公明党は維新の脅迫に「震え上がる」状況となってきたのです。

かくして、公明党は大阪都構想の善悪ではなく、単なる党勢維持のためだけに維新の脅迫に屈する格好で、大阪都構想に賛成するに至ったのでした。

「大阪市民、誠に哀れ哉――」と言う他ありません――。

「都構想で大阪は成長し東京と同格になる」という「嘘話」

ところで、この「大阪都構想」に対する支持は、先に指摘した昨今の「吉村人気」を通してさらに高まってきているやに見えます。では多くの大阪人たちは、この大阪都構想についてどのようなイメージを持っているのでしょうか？　行政学的な実際の中身を論ずる前に、「一般的イメージ」について確認しておきたいと思います。

それを知る手がかりはやはり、推進派の維新が、大阪都構想をどのように説明しているのかから窺い知ることができます。例えば、令和2年7月23日の吉村知事インタビュー『**吉村洋文が大阪都の実現にトコトンこだわる訳：45歳の若き府知事が突き進んできた政治家の道**（東洋経済オンライン、2020／07／23）』にて、彼は、大阪都構想について次のように発言しています。

「もともと**大阪を成長させるため、都構想を実現させるために市長となったのだから、ぶれない**軸として、都構想を絶対にやり遂げるという思いでやっていこう、と決心した」

「大阪市は都道府県のような都市です。都道府県の仕事と市町村の仕事の2つをやっています。港、大学、地下鉄、それから広域戦略、財政規模にしても、小さな都道府県より大きな仕事をやっている。**大阪府の中に府と市が2つある。これを改めようというのが都構想です**」

「自分たちの利得ではなくて、**都構想を実現して大阪を成長させる**という点に絞っています。全くぶれない。府民の皆さんは、**特定の人たちの利益でなく、大阪の利益になる**とうすうす感じていると思います」

「**大阪都構想を実現し、大阪の府・市の二重行政をやめて**、東京のほかにもう1つの軸を大阪につくる。大阪、関西を成長させる土台を築き、**東京とのツインエンジンで日本を引っ張るような大都市**にしていく。政治家としてそれがやれたらいいなとは思いますね」

これらの発言から浮かび上がる「大阪都構想」というものについての一般的イメージは、集約すると次の三点です。

1）とにかく、大阪都構想を実現すれば**大阪は成長**する。
2）とにかく、大阪都構想が実現すれば、**大阪は、日本を牽引できる東京と同格の都市になる**。
3）大阪都構想で大阪が成長できるのは、**「無駄な二重行政」を解消するものだからだ**。

つまり、「大阪都構想をやれば大阪は成長し、東京と同格の都市になれる、そしてその理由は、無駄な二重行政を解消するからだ」というのが、一般的なイメージなわけです。

筆者とて、もしもこの話が本当ならば、大阪都構想に大賛成すると思います。なんといっても、当方も大阪を愛し、高校時代に毎日大阪に通っていた1人の関西人として、高度成長期の頃、確かに輝いていた大阪が、年々衰退し続け、**いつの間にか東京に比べれば随分と格下の都市に成り果ててしまったこの現状に心を痛めているから**です。そしてしかも、大阪に暮らす庶民のことを慮（おもんぱか）れば、大阪経済が衰退することで、自分たちの所得が減って、**暮らし向きがどんどん苦しくなってきている**ことは深刻な問題であることは間違いありません。だから、大阪が成長し、東京と同格の都市になれると聞けば、支持したくなるのも当然です。

「行政のことは分からないが、二重行政というのも確かに無駄なもののように聞こえるし、それさえなくせば成長できるなら、何もしないよりも都構想、やってみた方が良いんじゃないか」と思う方がいたとしても何ら不思議ではありません。

――しかし、後に詳しく述べるように、こうした一般的イメージは、完全なる間違いです。吉村知事が意図的に嘘をついているか否かはさておき、行政学的に言えば、彼が口にしている話は、**完全な「ウソ話」**であることは間違いありません。

それは、大阪都構想の「イメージ」ではなく「中身」について考えれば一目瞭然なのです。以下その点について改めて解説しておきたいと思います。

「大阪都構想」とは大阪市民の自治を廃止する「百害あって一利なし」な改革

イメージの議論はさておき、行政学の視点から言う大阪都構想とは、一言で言えば**「過激な行政改革」**、すなわち、**「行政の仕組みを変える、過激な大改革」**というものです。

そしてその改革の中身を図式的に示すと、図1のようになる。すなわち、

1）**大阪市民による「大阪市」という政令指定都市による「自治」の仕組みを廃止**する。

図1　「大阪都構想」のという行政改革のイメージ

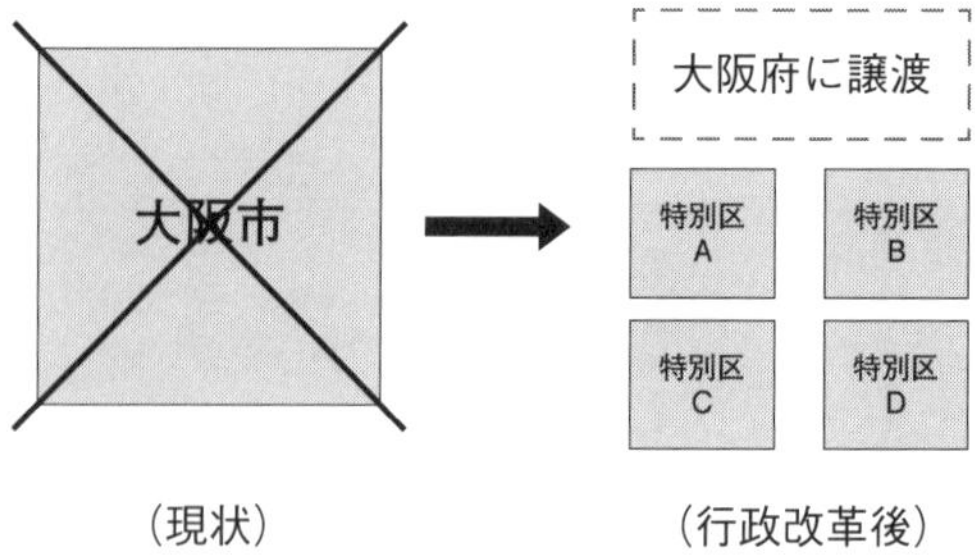

2）一方で、**今の大阪市が持っている財源と権限の一部を、「大阪府」に譲渡**する。

3）**残った財源と権限を、今の大阪市を4つに分けた「特別区」に分割**する。

というものです。

つまり、大阪都構想というものは、大阪市民にとってみれば、今まで培ってきた「政令指定都市」という自治の仕組みを廃止することで、今まで所有していた財源と権限が大阪府に吸い上げられると同時に、残った財源と権限を4分割するというものなのです。つまり大阪市民は、これまでは大阪市という強力な行政権限を「所持」していた一方で、大阪都構想が実現すれば「特別区」という非常に脆弱な行政権限しか「所持」できなくなってしまうのです。

端的に言うなら、**大阪都構想によって大阪市民は行政におけるカネと権限を大幅に失う**のです。

つまり、**大阪都構想というものは、大阪市民にとっては、「百害あって一利なし」とでも言うべき代物**なのです。

そもそも日本の行政は「三重行政」を行うのが基本の形

ところで以上に述べた行政改革のイメージをより詳しく理解するには、そもそも、市役所というものが何をやっているのかについての知識が必要です。

そもそも市役所というものは、市民から集めた税金を使って、教育や医療、保健、交通、インフラ、防災などの「行政サービス」なるものを提供する場所です。

こういう行政は、一般に、「国」「都道府県」「市町村」という3つのレベルで行われているものであり、1人の日本国民は、この3つのレベルの役所（中央政府、県庁、市庁）から様々なサービスを複合的に受けています。だから、**行政とはそもそも、すべての地域において「三重行政」なのです。**

ただし、大阪市民にとっては、大阪市という行政組織は最も重要な意味を持ちます。なぜなら、国も大阪府も、大阪市民のこと「だけ」を考える組織なのではなく、国については北海道から沖縄まで、大阪府について言えば堺市や豊中市や能勢町や千早赤阪村のことにも配慮しなければならない組織である一方で、大阪市は大阪市民のこと「だけ」を考える組織だからです。それは例えば、学校の先生よりも自分の親の方がより大切であったりするのと同じことです。なぜなら、全校生徒のことに気を配らないといけない学校の先生よりも、余所の子よりも自分のことを確実に大切にしてくれる親の方が、より大切だという話と同じです。

そして大阪都構想とは、大阪市民にとって最も大切な行政組織である「大阪市」を廃止、解体する行政改革です。そして、これまで**大阪市が持っていた予算と権限の多くを、大阪府全体のことを考える大阪府が「吸い上げ」てしまう**のです。もうこの一点だけで、大阪都構想が大阪市民にとって大きなダメージを与えるリスクをはらんだ代物であることをご理解いただけると思います。

そして残された予算と権限を、それぞれの大阪市民が使えるのかというとそうではありません。図1に示したように、それを4分の1に分割してしまうのです。その結果、今の大阪市民たちは、自分たちの利益「だけ」を考えてくれる行政が、極めて限られた予算と権限しかもたない「特別区」に（大阪市から）大幅に格下げになってしまうのです。

もちろん、その代わりに「大阪府」の予算と権限が増加するのであり、大阪府が今の大阪市民によりよいサービスを提供してくれるようになるわけですが——彼らはもちろん、大阪市民のことだけを考える存在ではありません。**そもそも大阪市民は、全大阪府民の3割に過ぎないのだから、吸い上げられた予算や権限がすべて大阪市民のために使われることは現実的に考えて万にあり得ない**のです。そもそも大阪府の行政は、大阪府議会と大阪府知事という、大阪市「のみ」でなく「大阪府全体」のことを考える行政機構によって取り仕切られるようになるからです。

したがって、大阪都構想というものが、単なる行政改革であり、かつ、その行政改革は一体どういう代物なのか？　を知る人は、通常、賛成などしないのです。**賛成するのは、その中身を知らず、維新たちが喧伝する「イメージ」だけで判断している人々にほぼほぼ限られる**のです。

「知らない人」が賛成し「知っている人」が反対する、という「詐欺」の構造

実際、筆者らが大阪都構想の住民投票の翌年の2016年に大阪在住の人たちを対象に

行った調査では、「都構想を正しく知る人々」の8割以上が都構想に「反対」である一方、「都構想を誤解している人々」の6割程度が都構想に「賛成」であることが示されています。つまり、都構想を正しく知る人の大半が反対し、知らない人の過半数が賛成していたのです。

あるいは、逆に集計すれば、次のような結果も示されている。つまり、大阪都構想に賛成を表明している人の7割以上が「都構想のことを知らない人」でした。一方で、反対を表明している人の約7割が「都構想のことを知る人」だったのです。

つまり、大阪都構想というものは、それに賛成するような人は基本的に都構想を知らない人々なのであって、都構想の中身を知るようになればその大半（8割）が反対するようになる、というような代物なのです。

だから、大阪都構想の賛成派が上回るか、反対派が上回るかは偏に、大阪都構想について正確な知識を知る人が増えるか増えないかに直接的に依存しているのです。

したがって大阪都構想の推進派は、先に紹介した吉村知事のインタビューのように、できるだけ中身について細かい話をすることを避けてイメージ論に終始しようとするのです。中身が知れ渡ってしまうと、反対が増えてしまうのだから、当然の話だといえるでしょう。

ちなみに言うと、こういう構造は「詐欺」犯罪と全く同じ構造です。

詐欺師は中身について基本的に嘘をついているのだからイメージでモノを売りつけるしかない、そして、そんなモノを売りつけられるのは、その売りつけられるモノの中身について詳しく考えることが困難な、例えば老人らが多くなってしまいます。モノの中身を詳しく考えることができる人々においては、誰もそんなモノを買わないからです。

この点から見て、大阪都構想の推進という政治運動は、「詐欺」行為と基本的な構造を共有していると解釈できるのです。

しかし――筆者らが行った調査で明らかに示されているように、**大阪都構想の内容を詳しく知る大阪の人々は極めて限定的**です。特に、大阪都構想が実現した場合、**「大阪市がなくなる」ということを正確に理解**している大阪在住の人々は、筆者らの調査の回答者252人中たった24人、つまり**1割にも満たない**のが実情です。それ以外の人々は、「政令指定都市のまま残る」（25・5%）だとか、「廃止されるが、大阪市と同じ力を持つ5つの特別区が設置される」（35・8%）だとか、事実と全く乖離（かいり）した選択肢を選択しており、大阪市という制度が廃止されてなくなるということを理解する人が極めて限定的だったのです。

だからこのままでは、多くの大阪市民が、上述の「詐称行為」の被害者になることが避けがたい状況にあるのです。詐欺の被害者になるのは、その定義上、「真実」を理解できずに詐欺師の甘言をそのまま信じるが故の必然的帰結だからである。

より具体的に言うなら、このままでは、

「大阪市民は、先人の努力で大阪市民が獲得した『政令指定都市というより高度な自治』の有り難みを全く理解しないままに、『大阪が発展して東京みたいになる』というイメージだけで大阪都構想を実現し、それをドブに捨ててしまう」


ということになる他ないでしょう。

そしてそうなれば確実に現大阪市民は、今日彼らが享受している**「政令指定都市というより高度な自治の恩恵」**を失ったことによる「不幸」を（おそらくは、その原因をほとんど理解しないままに）被ることになってしまい、今日よりもさらに大きな「不満」を抱くことにならざるを得ないでしょう。

そして、そうなれば彼らはきっと、「大阪がもっと発展する」「今の苦しい暮らしぶりをもっと楽にさせてくれる」と彼らが「信ずる」詐欺話にすがりつくようになってしまうでしょう。そして、大阪はさらなる衰退の憂き目に遭うことになるのです。

――誠に残念な話ですが、筆者の脳裏にはその将来の大阪市民の皆さんの姿がありありと浮かびます。もちろん、**筆者のそのイメージがすべて単なる杞憂であり、単なる間違いであるのなら、それはそれでもちろん構いません。大阪市民の皆さんは例えば先に紹介した吉村知事の発言のような言葉を信じればそれで良いと思います。**

しかし万一、筆者のこのイメージが正鵠を射たモノだとすれば、大阪市民は、長い時間をかけて獲得し、守り続けた「政令指定都市」という高度な自治を、自らの意図でゴミ箱に捨て去るように破棄してしまうことを通して、将来二度と立ち直れぬ程の深刻なダメージを被ることになるのです。

だから大阪市民を中心とした「大阪都構想」にご関心の皆様方は是非、この可能性を真剣に検討せねばならないのです。

第二章

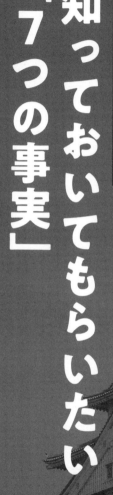

大阪都構想
知っておいてもらいたい「7つの事実」

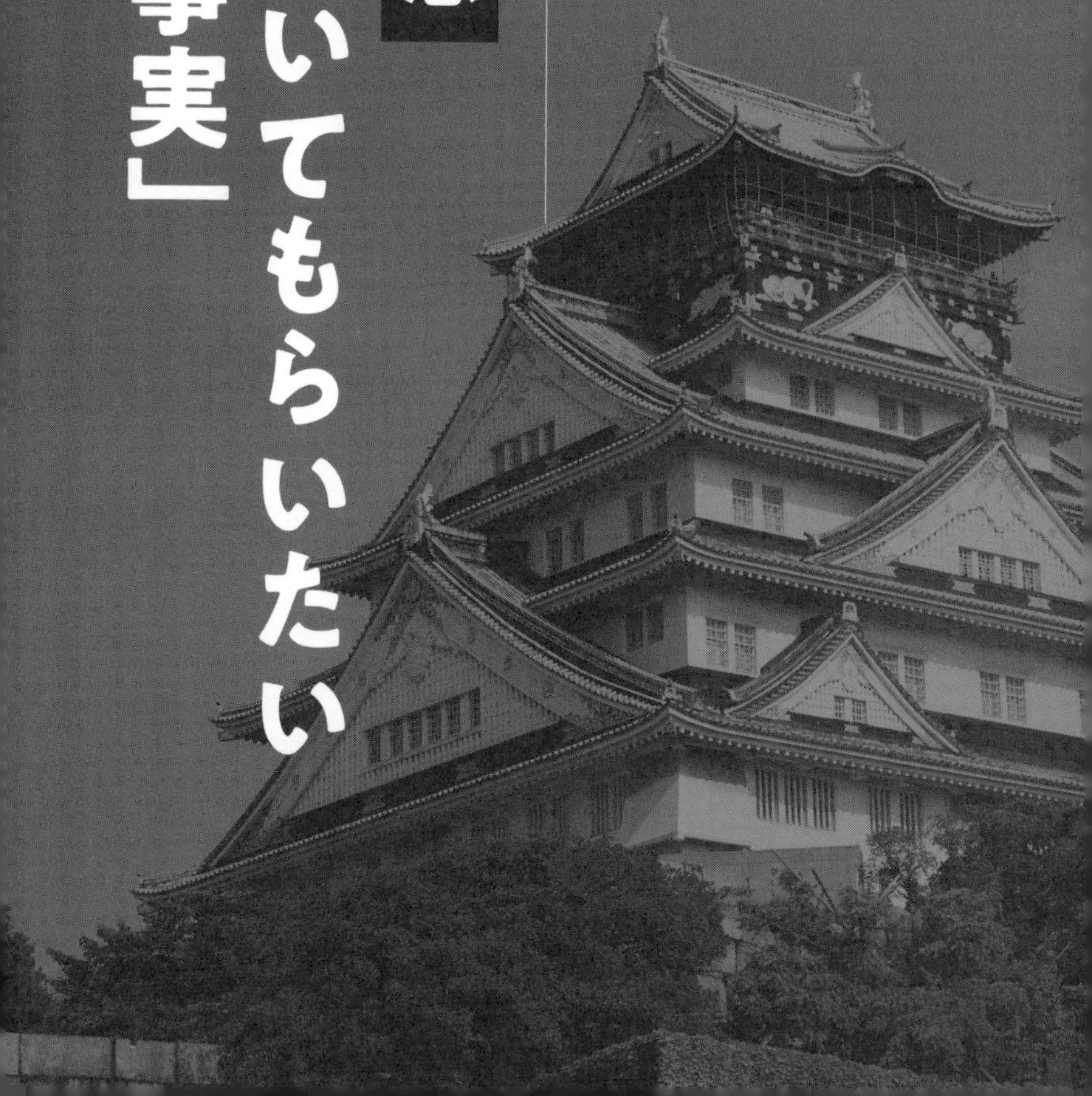

11月1日に、「住民投票」があります

今年令和2年の9月、いわゆる大阪都構想を実現するかどうかを決める、「住民投票」を行うことが決まりました。住民投票の対象者は、現在の「大阪市民」です。「大阪都構想」と言えば、2015年の5月に住民投票が行われて否決され、立ち消えになっていた筈なのですが、その後の5年以上の紆余曲折を経て再び住民投票することが決まったのです。

ちなみに、大阪市以外の大阪府民の方の中には、自分も住民投票に参加するのではないかと考えていた方がおられるかもしれませんが、そうではありません。枚方や羽曳野や東大阪の人たちは、「都構想」には自分たちにも大いに関係があるはずなのですが、投票することはできません。

ではなぜ、大阪市民だけが、大阪府全体の行政のあり方を決定付ける「都構想」に参加するのかと言えば――実は、「大阪都構想の真実」の一端が、その点にあるのですが、それについてはまたおって、お話することとしましょう。

いずれにしても、11月1日には、「都構想」というものに対して「賛成」か「反対」か

を巡る投票が、大阪市民を対象に行われることになったのです。

そして、そこで、過半数が「都構想」に対して「Ｙｅｓ」の意思表示をすれば、投票から約4年後の２０２５年の1月から、いわゆる「都構想」が実現することになります。


――しかし、大阪市民は一体、「何に」投票すべきなのでしょうか？


筆者は大阪市内の高校に通い、仕事でもそれ以外でも、大阪に通う日々を続けています。友人も知人も大阪市内にたくさんいますが、そんな中で、「自分たちは一体、何の投票をさせられるのか？」について、正確に理解している人は必ずしも多くありません。もちろん既に２０１５年の5月に住民投票が行われていますから、前回よりも理解は進んでいるように思いますが、それでもなお、「正確」に理解している方は限られているのです。

彼らが知っていることといえば、現大阪市長が提唱した「大阪都構想」という言葉があること、そしてそれについての投票がどうやら近々あるらしいということ、という程度のことしかありません。もう少し知識があるケースでも、せいぜい都構想は「二重行政」なるものを改善するとかということを耳にしたことがある、という程度です。

そして、そんな曖昧な認識しかありませんから、多くの方々が「どうせ、大阪都になってもならなくても、たいした変化なんてないだろう、でも、今の大阪は疲弊してるからなんかやらなきゃ良くなっていかないし、やったらいいんじゃないか？」という漠然とした印象しかお持ちではないようです。

一方で、大阪以外の人たちについても、認識はほとんど同様です。ただし大阪以外の人たちにとっては、大阪は単なる「余所の街」にしか過ぎませんから、その無関心さはますます深いものがあります。

大多数の無関心と、一部で巻き起こる「賛成派vs反対派」論争

ただし、この問題に熱心な一部の人たちの間では、熾烈（しれつ）な「賛成」「反対」の論争が繰り広げられています。

賛成派の方々は、「二重行政が解消し、行政が効率化され、無駄がなくなり、大阪はさらに発展する。しかも、身近な役所である区役所が充実するので、大阪市民はより良質な行政サービスを受けることが可能となる！」ということを主張しておられます。

一方で、反対派の方々は「推進派が喧伝する都構想のメリットはすべてまやかしだ。二重行政は都構想を実現しなくとも改善していけるし、むしろ都構想のせいで新たな二重行

政、三重行政が生まれる。身近なサービスができるとも言うが身近な区役所は解体されるので、逆効果だ。大阪都構想には、百害あって一利なしだ」ということを主張しておられます。

ただしやはり、多くの一般の人々にとっては、どちらの意見が正しいのか分からない――というのが、正直な印象でしょう。

特に「反対派」の方々に対しては、「どうせ自分たちの既得権益を守りたいから、『反対のための反対』を言ってるんじゃないのか？」と漠然と感じている方も多いのではないかと思います。

とはいえやはり、詳しいことは分からないので結局は「なんだかややこしいから、まぁ、いいや。どうせどっちでも同じだろう」と無関心になってしまう方がたくさんおられるのではないかと思います。

確かに、都構想の議論は、一般の方々には、なかなか理解しづらいところがあるのではないかと思います。

ついては本書では、都構想の議論をする上で、筆者が最も基礎的な事実だと考える、以下の7つの事実を、解説したいと思います。

事実1 今回の住民投票で決まっても、「大阪都」にならず「大阪府」のまま。

事実2 今の「都構想」は、大阪市を4つの特別区に分割する「大阪市4分割」の構想です。

事実3 大阪市民は、年間2000億円分の「おカネ」と「権限」を失います。

事実4 2000億円が様々に「流用」され、大阪市民への行政サービスが低下するのは決定的。

事実5 特別区の人口比は東京7割、大阪3割。だから大阪には東京のような「大都市行政」は困難。

事実6 東京23区には「特別区はダメ。市にして欲しい」という大阪と逆の議論があります。

事実7 東京の繁栄は「都」の仕組みのおかげでなく、「一極集中」の賜(たまもの)です。

以下、それぞれ1つずつ解説してまいりたいと思います。

事実1 今回の住民投票で決まっても、「大阪都」にならず「大阪府」のまま。

では次に、今、大阪市民が賛否の投票をすることとなった、「大阪都構想」というものが一体何なのか、客観的な事実を確認しておきましょう。

この確認にあたって準拠する基礎資料は、法律で定められた「特別区設置協定書」です。少々ややこしい名称ですから、以下、**「協定書」**と呼ぶこととしましょう。

この**「協定書」は、「都構想」の「具体的な設計図」**です。大阪市の行政を**廃止**すると共に、廃止した大阪市の仕事を、その後、一体、どこで、誰が、どのようになるのかをとりまとめたものです。そして、今度のいわゆる「大阪都構想の住民投票」で問われているのは、**この協定書に対する賛否**なのです。つまり、**「この協定書通りに、大阪府と大阪市の行政を改革するか否か？」**という点が、大阪市民に対する住民投票で問われるのです。

したがって、**仮に「都構想」というイメージに賛同している方でも、この「具体的設計図」はいかがなものか——と思ったとすれば、「反対」をしなければならない、というのが、今回の住民投票というものの特徴**なのです。

さて、この協定書をよく読めば、重要な事実が浮かび上がります。

それは、この協定書の中には、**「大阪都」という言葉は1回も出てこない**という事実です。

そこに出てくるのは、「大阪府」という言葉だけなのです。

これはなぜかというと、今度の協定書についての住民投票は、国会で定められた法律にそって実施されるのですが、その法律の中には、東京都以外の道府県を「都」に名称変更するということは定められていないのです。

したがって、住民投票でこの協定書が認められたとしても大阪府の名前が「大阪都」になるわけではありません。**大阪府は大阪府のまま**なのです。

つまり今回の住民投票は「大阪都構想についての住民投票」ではないのですから、もし仮に「大阪都を実現させるんだ！」と意気込んで投票する方がおられたとしても、その方はある意味「肩すかし」を食らうことになります。

だから、この協定書の名称も、「大阪都協定書」ではなく「特別区設置協定書」という、随分と分かりづらい名称になっているのです。

ついては**「『都構想』が実現しても大阪都ができる訳じゃない」「『都構想』が実現しても、大阪府は大阪府のまま」**――少々ややこしいですが、まずはこの「事実」をご理解いただきたいと思います。

もちろん、中には、「名前なんて関係ない！」という人もいるかもしれません。実際、前回の住民投票の時、橋下元大阪市長は、「名称は**次の問題**」「名称は**関係なく**、特別区の設置こそが都制、都構想」と、ツイッターで発言しておられました（平成27年2月7日）。

しかし、名称は、「都構想への、住民投票での賛否」には大いに関係することは間違いありません。

実際、周りの大阪の人々に伺ったところ、実はこの事実を知らない方が、かなりの割合に上っているのでした。そして、その方々の多くの反応が、

「なーんや、大阪都になるんとちゃうんやぁ」

という反応だったのです。これはつまり、「大阪府が大阪府のままやったら、別に賛成じゃないわ」という方が、潜在的には多数おられる、ということです。

いずれにしても、「大阪都になるのではない」ということの「事実1」は、都構想の投票に大きく影響しうる、極めて重要な論点の1つであると、筆者は考えます。

（なお、名称については、推進派は「名称は維新の党で法案を出します」と言っていますが、法案を出しても、成立するかどうかは当然分かりません。そもそも「都」という名称には、様々な意見

があり、一筋縄ではいかないのです。そもそも、都は1つであるべきだ、首都以外に都を置くべきでない、という意見や、陛下がおられるから都なんだ、という意見など、実に様々な意見が、国会の中にはあるのです。だから、法案を出したからといって、即座に成立するとは、必ずしも言えないのが、実情です。）

事実2 **今の「都構想」は、大阪市を4つの特別区に分割する「大阪市4分割」の構想です。**

とはいえ、一般的には「大阪都構想」という言葉が浸透してしまっていますから、ここではしばらく、「構想」についての仮の名前ということで「都構想」という言葉を使うこととしましょう。

本来ですと、この表現は誤解を招く表現ですので、正確には「大阪府構想」や「特別区設置構想」「大阪市廃止分割構想」と呼称すべきところなのですが、これではほとんど誰にも分かってもらえなくなると思いますので、致し方ありません。

さて、この「都構想」ですが、それが実現した時に最も大きな変化が起こるのが、現在の「大阪市」です。

「大阪市」は今、1人の市長と1つの市議会、1つの市役所を持つ、1つの組織です。そんな組織は一般的には「自治体」と呼ばれており、日本全国に1718個存在しています。そんな自治体には「ランク」があります。ランクが高ければ高いほど色々な財源があり、しかもいろいろな「権限」を持っています。

つまりランクが高ければ、自由にできるおカネも多く、かつ、県や国に「お伺い」を立てなくてもまちづくり等を自由に進めることができるのです。

さて、自治体の中でも最も権限と財源が豊富な一番上のランクは、

「政令指定都市」

と呼ばれるもので（略して言うと、政令市）、現在は全国に20個あります（札幌市、仙台市、横浜市、京都市、福岡市、等がそれに当たります。大阪には、大阪市と堺市の2つがあります）。

その下には「中核市」と呼ばれるものがあり、これが全国に60個あります。以下、「一般市」（712個）、「町」（743個）、「村」（183個）と続きます。

また、これとは別に、「特別区」というのが23個あります。これは今のところ、東京都の中にしかありませんが、これは（大阪市や京都市などにある「区」とは違い）1つの「自治体」と見なされています。しかし、その財源や権限は、他の自治体よりも随分小ぶりなも

図2 現在の「協定書」における区割り案

のとなっています（また後ほどご説明します）。

さて、大阪市は、自治体の中でも、最高ランクの政令指定都市ですから、今、大阪市は、豊富な財源と、強力な「権限」を持っています。

これが今の大阪の現状なのですが、協定書では、この「大阪市」を廃止すると同時に、4つの「特別区」を設置することが提案されています。図2をご覧ください。この図にあるような、淀川、北、天王寺、中央の4つの特別区に、大阪市を分割することが想定されているのです。

この点こそ、この協定書において最も重要なポイントであり、「都構想」と呼ばれる構想の根幹です。

つまり「都構想」とは、**「大阪市」を解体し、**

それを4つの特別区に「分割」することを意味しているのです。

つまり「大阪都構想」というと、大阪を素晴らしい都に仕立てる素晴らしい構想のようなイメージの言葉ですが、その中身は、タダ単に大阪市を廃止し、4分割する**「大阪市廃止・4分割構想」**に過ぎないのです。

事実3 大阪市民は、年間2000億円分の「おカネ」と「権限」を失います。

以上、「都構想」についての、大変基礎的な事実を紹介しましたが、ここからはもう少し、具体的な都構想の「内容」に踏み込んだ事実をご紹介することとしましょう。

まず、大阪市は、先にも指摘しましたように、最も大きな財源と権限を持っている最高ランクの「政令市」の自治体です。このことは、現在の大阪市民は今、「最も大きな財源と権限を、自由に使うことができる」ということを意味しています。

つまり、大阪市民は、枚方市民や東大阪市民よりもより大きな財源と権限をもっているのです。その恩恵を受け、大阪市内では現在、天王寺界隈にて「ハルカス」を中心とした強烈な再開発が進められていますし、梅田界隈でも「うめきた」（JR大阪駅の北側エリア）の巨大再開発が進行しているのですこうした強烈な開発を通して、大阪市民は、他の地域の人たちでは享受できない大きな利益を被っています。

もう少し、具体的に解説しましょう。

例えば、大阪市は今、政令市ですから、255億円の「事業所税」を自由に使うことができます。都市計画を進めていますから540億円の「都市計画税」を使うこともできます。そして何より、大阪市は2600億円もの「固定資産税」や、1600億円もの「法人市民税」を使うことができます。

ところが、都構想が実現すれば、大阪市の人たちは、これらの巨大なおカネの多くの部分を、大阪市の判断で使う権限を失ってしまうことになります。

なぜなら、「特別区」は、それらのおカネの一部が、そのおカネでこれまで大阪市民の判断でやっていた事業と共に、一旦「府」に吸い上げられる仕組みになっているからです。

つまり、大阪市はこれまで、「政令指定都市」であるが故に様々な権限（できること）と財源（そのためのおカネ）の双方をたくさんもっていたのですが、「特別区」になってしまえば、おカネと権限の一部を、大阪府に吸い上げられることになるのです。

ではどれだけのおカネが大阪市の財布から「府」に吸い上げられるのかといえば、その金額は約２０００億円（一般財源ベース）。これは、現大阪市の財源の約４分の１に及びます。

その中身は、まちづくりや消防をはじめとした様々な事業です。この２０００億円のおカネを使う事業は、これまで、大阪市が行ってきたのですが、これからは大阪府が使うようになっていく、ということになるのです。

これは、大阪市民１人あたり年間約８万円、４人家族なら年間約40万円にも相当します。

つまり、都構想が実現すれば、**現大阪市民は、自分たちが払った税金の内の２０００億円もの税金が、自分たちでどう使うかを決めることができなくなるわけです。つまり、現大阪市民は、「自分たちの財布」から年間２０００億円のおカネを失う**わけです。


簡単な例で考えましょう。


ある共同生活をしている４人グループがいたとしましょう。皆仕事はバラバラだけど住宅を共有して、共同生活をしている、とお考えください。そのなかで、あなたは一番のダントツのおカネ持ちです。そしてあなたは、毎年20万円のおカネをつかって、自分で着る服を好き勝手に選んできていたとしましょう。

そんな時、突然、共同生活のためのルールが変わることになりました。あなたは、そのグループのリーダーに、あなたの財布から20万円と共に、好きな服を買う権限を吸い上げられてしまうことになったのです。つまりそれ以降は、グループリーダーが自分の服を決めることになる、という次第です（ただし、そのグループリーダーは、メンバーの意向を聞いてくれるひとではあるので、自分の意見も聞いてくれることは聞いてくれる、でも、自分以外にもメンバーがいるので、自分の意見だけを聞いてくれるわけでもない――という状況です）。そうなれば、あなたは、自由に使うことのできるおカネを20万円、洋服を自由に買える権利と共に、失ってしまうことになるわけです――。

さて、こういう「変更」は、あなたにとって「損」なことなのでしょうか「得」なことなのでしょうか？

おそらくはそれは人それぞれでしょう。服を選ぶのがそもそも面倒だと思っていた人ならば、それは「得だ」と考えるかもしれません。しかし、服を選ぶことが、自分にとって大切だと考えている人、あるいは洋服を自由に選ぶことが好きな人にとってみれば、それは大変な屈辱であり、「損」なことだと考えるでしょう。

もちろん、自分の洋服の好みや、今年こういうのが欲しい、ということをリーダーに言うこともできますし、それなりに聞いてくれることもあるでしょうけど、リーダーが、自分の思い通りの洋服を買ってくれるわけでは当然ありません。だってリーダーは、あなた以外の他のメンバーの意見もきかないといけないんですから――。

――「都構想」が実現することで生ずる事態とは、この20万円のお話とそっくりなことなのです。つまり、「都構想」が実現すると、２０００億円と、まちづくり等の権限の双方が、リーダーである大阪府に吸い上げられることとなるのです。そして、リーダーたる大阪府は、大阪市民の言い分をそれなりに聞いてくれるものの、大阪市民の思い通りには必ずしも動いてくれるとは限らないのです。

したがって、その事態を「都構想」のメリットと考えるかデメリットと考えるかはさておき、次の一点だけは事実、です。すなわちこれまで、大阪市民が自由に使うことができた財布から「２０００億円」が流出することになる、という事実です。これが、この「事実３」として、ここで指摘しているものです。

ただし、この「事実３」は、次のような、さらなる事実を意味してもいます。

つまり、大阪市という１つの自治体・共同体から流出してしまうのは、その２０００億円だけではないのです。そのおカネをつかって自分たちの判断で行ってきた「まちづくり等の権限」もまた、大阪市という1つの自治体・共同体から流出してしまうのです。

もちろん、繰り返しますがそれを良いこととみるか悪いこととみるかは人それぞれです。

しかし、これまで100年以上にわたって、独立独歩の気概をもって「大阪の街は、自分らがつくるんや！」という意気込みで自立的なまちづくりを進めてきた大阪市民たちは、決して少数者ではないはずです。そういう大阪市民たちにとってみれば、自由におカネを使って、自由なまちづくりをすすめることができる権利を失うことは、巨大な損失だとお感じになることでしょう。もちろん、そうお感じにならない方もおられるものとは思いますが――。

さて、以上のことを、さらに現実的な仕組みのお話として解説すると、次のようになります。

これまでは、2000億円のおカネを使って、まちづくり等の事業を「大阪市民が選んだ市長と市議会議員」の判断で行ってきました。ところが、「都構想」が実現すれば、これからは2000億円を大阪府に支払って、大阪府に、そうしたまちづくり等の事業を「やってもらう」ことになるわけです。

無論、大阪「市民」は大阪「府民」でもあるので、今の大阪「市民」の意見をそれなりに聞いてくれることは間違いありません。しかし、「大阪市の市長や市議会議員」は大阪「市民」だけが決めてきたのですが、「大阪府の知事や府議会」を決めるのは、大阪「府民」です。そして、後に指摘するように、大阪「市民」は全体のたった3割にしか過ぎません。これまで、大阪市民は、自分たちの意見だけで、2000億円の使い道を決定することができたのですが、これからは、その2000億円の使い道を決める話し合いには、ざっくりと言って「3割程度」の影響力しか与えられなくなってしまうのです。

つまり、「大阪市民」という1つの「共同体」は、もしも「都構想」が実現すれば、その2000億円を使って事業をしていく「権限」を失い、これからは、（3割程度の影響力しか与えられない）「大阪府」がその事業を行う「権限」を持つことになるのです。

いずれにしても、本書をお読みの大阪市民の皆様におかれましては、先ほど申し上げた、自分の洋服を自分で買うことができなくなる人物の例を思い起こしつつ、この2000億円分の財源と権限の双方の流出が、「大阪市民」にとって「良いことなのか良くないことなのか」を是非、じっくりとご検討いただいた上で、投票に参加いただきたいと思います。

事実4 **2000億円が様々に「流用」され、大阪市民への行政サービスが低下するのは決定的。**

以上、「都構想」が実現すれば2000億円が、大阪市が自由に使える「財布」から、その金額と同等の権限と共に流出することを指摘しましたがこれは、何も不思議なことではなく、至極当たり前のことです。

なぜならそもそもこれまでは、「大阪市における政令市」という仕組みが、おカネが市外（共同体外）に流出することを防ぐ「シェルター」あるいは「保護システム」の役割を担っていたからです。ところが都構想によって大阪市の「政令市」という保護システムが解体されれば、必然的に大量の資金と権限が、大阪市民の共同体の外に流出するのも、当たり前だという次第です。

筆者は、大阪市での住民投票においては、この点は、大阪市民全員が理解すべき、**最も重要な事実**の1つなのではないかと感じています。繰り返しますが、何といっても、これまで大阪市民が、自分たちで集めて自分たちのために使っていたおカネが**年間で1人あたり8万円、5人家族なら40万円も減ってしまう**ことになるのですから――。

とはいえ、この2000億円が、大阪市（特別区）のために有益に活用されるなら、大阪市民は、これに対して反対する必要はない、と言うことはできるでしょう。繰り返しますが、協定書にも、資金のみでなく、その資金を使う権限・事業もまた、流出するということが記載されているからです。

例えば、大阪市特別顧問を2015年までお務めになり、大阪都構想の検討段階でもアドヴァイスをしてこられた（そして、筆者もよく存じ上げている）高橋洋一教授は、**「住民が受けるサービス自体には変化がない」**と指摘しておいでです。あるいは、大阪維新の会のホームページの「Q&A」のコーナーにも、その2000億円は**「特別区内で使うことになります」**と明確に書かれています。しかも、今回公明党は都構想に賛成するにあたって**「行政サービスレベルを維持する」**ということを条件として維新側に突きつけ、それに沿って協定書にその旨が明記されています。

これは、大阪市が現在、その2000億円で行っている事業は、そのまま大阪府が引き継ぐことになるから、ということが、その理由になっています。

しかし、投票の対象となる「協定書」を細かく読みますと、こうした説明はあくまでも行政における「タテマエ」にしか過ぎないということが分かります。つまり、行政がどれだけ「大阪市民のサービス自体には変化がありません」と説明したとしても、実際にその制度を運用した時にそのタテマエが実現することは原理的にあり得ないことが見えてくるのです。

こうした、「行政的なタテマエ論」と「現実」とが食い違う例は、これまでにも、実に様々な局面で起こっています。

その典型例が、２００７年の郵政民営化です。

この郵政民営化の議論が様々になされていた時、政府は郵便局を複数に分社化してもサービスレベルは悪くならない、むしろ良くなる、と言われていたことをご記憶でしょうか？当時の政府資料にはそういう趣旨のことがいつも明記されていたのです。ところが、実際に蓋を開ければ、ものの見事に、その「タテマエ」の約束は破られたのです。

事実、国会で

「時間外窓口の廃止や遅配が相次ぎ、地域住民の利便性が著しく低下したという現状」

（平成二十年十月二十三日衆議院）

が問題視されています。

なぜそうなったのかと言えば、その郵政改革案が「サービスレベルを下げない」ということを「保証」する程に十分に作り込まれたものではなかったからです。そしてそうなるであろうことは、実は民営化「前」から明白な事実として様々に指摘されていたのですが――当時は、そういう声はすべて「無視」され、結果、郵政は民営化され、案の定サービスレベルは低下したのです。

つまり、**制度改革の前の「政府のタテマエ」的説明は、鵜呑みにしてはならないのです。**

そしてその政府の説明を信ずるか否かを判断するには、その**改革の「中身」を詳しく精査しておかねばならない**のです。

そして筆者が「協定書」に書かれている都構想の仕組みを「精査」した結論こそが、「今、大阪市民に使われている税金が、様々な項目に**「流用」**されるようになる」という「事実4」だったのです。

なお、ここでは、この「流用」という言葉は、少々厳密に申し上げておきますと、次のようなことを意味します。つまり、大阪府は今、「『大阪市がやっている事業の内、大阪府が引き継いだもの』はすべて継続します、そして、その事業は、大阪市から大阪府へと吸い上げた2000億円を使って大阪府が責任をもって、執り行います」と言っています。しかし、実際に都構想がはじまれば、大阪府は、その2000億円を、『大阪市がやっている事業の内、大阪府が引き継いだもの』**以外**の項目にも転用していくことになる、と考えられます。そしてこの転用を**「流用」**と呼ぶこととします。

つまり、ここで言う流用とは、**「大阪府が、2000億円を使って、大阪市民のためにやると約束していた内容以外の項目に、流用していくこと」**を意味しているわけです。

さて、ではなぜ筆者がそういう「流用」が起こると確信したのかを、説明してみたいと思います。

まず、都構想が実現すると、現時点では、2000億円の市民の税金が、それに対応する事業と共に大阪府に移されます。「行政的説明」では「だから、大阪市民のサービスレベルは変わらない」ということになっています。ですが、行政の仕組みというのは、それほど単純なものではありません。

まず理念的な視点から説明しよう。そもそも、都構想の理念は「ワン大阪」。つまり、「府と市」の境をなくすことです。

一方で、「大阪市民の税金が、約束の項目以外に流用されないようにする」ためには、当然ながら「府と市」の間に「壁」をつくらなければならないのですが、これはワン大阪の理念に反しているため、「実質上」ワン大阪の理念にこだわる限り、その「壁」は完璧なものとはなりません。一方で大阪市と市以外でどちらが豊富な税収があるのかと言えば、言うまでもなく大阪市です。したがって、市と府の間の「壁」がなくなり、財政上のワン大阪となれば、（いわゆる、所得の再分配が生じ）水が高きから低きに流れるように市のカネが府で使われるようになる、つまり**大阪市民の税金が、「流用」**されるのは必定なのです。

――ただし、以上の説明は分かりやすさを重視したもので、少々理念的過ぎ、厳密さにかけるものでもあります。ついては以下、制度の話をしたいと思います。

第一に、「大阪市の税金が、当初の約束の項目外に流用されることを防ぐ」という現在の行政の説明を保証するには、大阪市から大阪府に吸い上げられた税金（2000億円）の使い道を、現大阪市民（特別区民）が「管理」しなければなりません。しかし、その2000億円の使い道を管理するのは「大阪府」なのです。協定書に明記されているように、その2000億円は大阪府の予算に繰り込まれるのです。

したがって、もうこの時点で、2000億円の**「流用」**を食い止めることが難しいことが分かります。なぜならその「2000億円の予算」の使い方を最終的に決定する権限のある大阪府の議会も知事も、その3割が現大阪市民の付託を受けて選ばれていますが、残りの7割は大阪市民以外の府民だからです。ですから、知事も議会も、現大阪市民の意向「だけ」に基づいて、予算執行をすることなど不可能です。

したがってうまくロンダリング（転用）さえすれば、おカネに色が付いていない以上は、今、大阪市民のために使われている市民の税金が、他の自治体、さらには**「府の借金返済」に「流用」**されていく可能性は、当然排除できないのです。しかも「協定書」には、2000億円の半分を占める財政調整財源（現大阪市の固定資産税等）のうち、将来どれだけを特別区に回すのかの割合については**「大阪府の条例で定める」**と記されており、「流用」される特別区の財源がさらに増えていく懸念さえあるのです。

第二に、ただしこの2000億円については「特別会計」をつくり、その使い道をチェックするとも説明されています。橋下元市長が、市議会にてそのように答弁しています。このチェックが完璧で、かつ、違反があった場合に強制できる権限が特別会計側にあれば、流用は避けられることになります。

しかし、これまでに出された案では、大阪府の特別会計に入れるとされているのは2000億円のうちの半分である財政調整財源だけであり、**残りの半分である都市計画税・事業所税などは大阪府の一般会計にそのまま直入**されてしまい、**使い道のチェックは全くできません。**

さらに、財政調整財源に対する特別会計についても肝心の「協定書」には明記されておらず、もちろんその権限も保証されていません。口先だけでチェックといっても、それが担保される仕組みが具体的に定められてはいないのです。

したがって、こうした制度を考えれば、**「流用」はしないという「タテマエ」の約束が守られるとは考えられない**状況なのです。

第三に、万一仮に、その「特別会計」がつくられたとしても、その特別会計が、大阪府の一般財源という「別の財布」からの使い道を、どこまで監視、調整できるのかといえば、実務的には絶望的に難しい、という風に考えられます。なぜなら、特別会計にて2000億円を大阪府がどう使ったのかを逐一チェックしていく作業は膨大なものとなり、現有の行政マンパワーを考えれば、**実務的にほとんど不可能**といって差し支えないように思われます。それにそもそも、その特別管理には入らないおカネも、約半分程度もあるのですから、それについてはそもそもチェックすることはできない、ということになることも改めて付言しておきたいと思います。

第四に、しかも万一その「特別会計」ができるとしても、それを司るのは、4つの特別区(つまり大阪市)のメンバーと大阪府からのメンバーとで構成される「特別区協議会」

となる見通しです。そもそも、この「特別区協議会」の主たる任務は、大阪市の現在の税金を、大阪市（特別区）と大阪府とで、何対何で配分するのか、という分配を議論するということです。その任務についていては、協定書に明記されているのですが、その特別会計の運用についていては、もちろん何ら記述はありません。

いずれにしても、この特別区協議会は、今の法令では、大阪市（特別区）側と大阪府側との人数は、同数となる予定です。したがって、特別区協議会の意思決定において、特別区の意向は、うまくいって半分程度しか反映できない、ということになります。ただし、実際的には、東京における都区協議会の運用をみれば一目瞭然なように、特別区よりも大阪府の方が、協議会の意思決定においてより強い政治的パワーを発揮します（都は区に比べて強力な行政権限をもっているので、協議会の議論においても、区側はあまりあからさまに都に盾をつけない、という事情があるのです。大阪の特別区協議会でも、同様の運用になることが危惧されています）。

したがって、万一、水も漏らさぬような「特別会計」ができたとしても、それを運用するであろう協議会にて、特別区（大阪市）側の意向だけで、「大阪市民の流用を防ぐように、特別会計を運用」していくことは、**絶望的に難しい**、ということになります（しかも例えば、「形式的に特別会計から2000億円を特別区へ支出した」ように見せかけたとしても、「その代わりに大阪府が特別区に対して支出している他の支出（例えば、大阪府立体育館などへの支出）を減らす財政操作」がなされるという、いわゆるマネーロンダリング的方法がなされてしまえば、実質的なチェックはより一層絶望的に難しいということになります）。

以上、いかがでしょうか？

確かに行政は、「大阪市民の税金を、大阪市から引き継いだ事業外に流用することはありません」と説明しているものの、それがいかに**タテマエ**に過ぎないものであるのかを、ご理解いただけましたでしょうか？

そもそも、行政は、市長の議会答弁はじめ、「流用しません」とは説明しているものの、都構想の設計図の基本である協定書には、その流用を**「水も漏らさぬように完璧に防ぐ仕組み」**については、全くといって良いほどに書かれてはいないのです。

「流用」を防ぐ特別会計ができるかどうかも絶対的に確証が持てるというわけではないですし、それがつくられたとしても、今の制度設計では２０００億円の半分にしかそれが該当されないということになっており、残りの半分については「ざる」のように流用されていくことを防ぐ仕組みは明確に説明されてはいませんし、特別会計がつくられる部分についても、その会計を通して流用を防ぐことは実務的な作業量を考えても政治的なプロセス論を考えても絶望的に難しいのが実情なのです。

こうした事情を、行政がまとめた協定書を読み込み、しかも、これまで長い間、様々な地方政府の実務支援に従事してきた筆者からしてみれば、行政が口にする「大阪市民の税金は流用しません、大阪市民のために使います！」なる言葉は、何とも白々しいタテマエにしか聞こえないのです。

すなわち筆者からしてみれば、大阪市民の税金が大阪府によって流用されていく様（さま）は、**「穴の開いたバケツに水を注げば、水が漏れる」**程の、間違いのない「事実」なのだと考えられるという次第です。

では、バケツの穴から漏れた水（大阪市民の税金）は、一体何に使われるのでしょうか？

それはもう、正確には断定できません。

大阪市以外のまちづくりや福祉に使われるかもしれないし、**大阪府の借金の返済に使われる**かもしれません――というより、おカネに色がないことを踏まえるなら、「大阪府の借金の返済に使われる」ことは避けがたいと言うこともできるでしょう。

なぜなら、「大阪市民の財布というバケツ」、あるいは「（大阪市民のための）特別会計というバケツ」から漏れた水は「大阪府の財布」という大きなバケツに流入するからです。繰り返しますが、水に色が付いていないように、おカネに色は付いていないのです。だから、大阪市民のバケツから漏れた水が、大阪府の事業のどこに使われるかを考えること自体がナンセンスなのです。

――以上は、行政が用意した協定書を、素直に読み込んだ場合に得られる、至極当たり前の結論です。「大阪市から流出した2000億円の市民の税金の多くが、別項目に流用されていく――」この未来を食い止めることは、著しく困難な状況にあることが、住民投票に晒される「協定書」から浮かび上がってくるのです。[1]

もちろん、この事実を、メリットだと考える人、デメリットだと考える人、いろいろとおられるものと思います。例えば、大阪市以外の人々にとっては、(特に大阪府の人々にとっては)これは朗報だと言えるでしょう。大阪市からおカネが流れてきて、その一部を、自分のためだけに使うことが可能となるかもしれないのですから。

1 なお、長い年月の間には一時的には、例えば、大阪市に集中投資するために、大阪市への投資額が、現状よりも増えるケースがある、という可能性は、理論的には排除はできません。しかし、それだけの財源が、大阪府にあるとも考えがたいですし、仮にそれがあったとしても、長期的な期待値(平均値)を取れば、確実に、大阪市に使われる金額が目減りすることは間違いないと申し上げて良いでしょう。

しかしその一方で、自分のおカネが奪われ、自分のために使われなくなってしまうということについて、大いに不満を抱く大阪市民がおられることも間違いないでしょう（もちろん、身銭をきって、大阪府を発展させたいと考える大阪市民もおられると思いますが）。

いずれにしても、賛成であろうが反対であろうが、これは**「事実」**なわけですから、都構想の投票は、この「このバケツには穴が空いている」という事実を理解した上で判断されることが必要であると、筆者は考えます。

事実5 特別区の人口比は東京7割、大阪3割。だから大阪には東京のような「大都市行政」は困難。

以上の「事実4」はおカネの話ですから、非常に重要、かつ、大阪市民にとっても、大変気になるところではないか――と思いましたので、たっぷりとした紙面を使いながら説明させていただきました。

長い説明でしたので、少々分かりづらいところもあったかもしれませんので、改めて簡潔にまとめてみたいと思います。

まず、行政は、「大阪市民の税金2000億円は、その管理が大阪府には移っても、これまでと違う項目に流用されることはありません。その事業をやる役所が変わるだけで、大阪市民の行政サービスレベルは変わらないんですよ」という説明を繰り返しています。しかし、「協定書」の内容をよく見れば、その説明はあくまでも「タテマエ」に過ぎず、実際には、その約束は「口約束」にしか過ぎないのではないか、という状況が見えてきた訳です。

理由は実に様々にあります。

それを保証するためのきちっとした「特別会計」をつくるとは正式に約束されたものではないし（協定書に明記なし）、万一それがつくられたとしても、それが適用されるのは、2000億円の内の半分にしか過ぎず、残りの半分については「特別会計」はつくるとは言われていない、さらに、その会計を通して流用を防ぐことは実務的な作業量を考えても、政治的なプロセス論を考えても絶望的に難しい、しかも「その2000億円で大阪府が大阪市民のためにやる詳細な事業リスト」についても、きっちりと約束されているわけでは必ずしもない、という状況にあるのです。これだけの状況がそろっていれば、2000億円は（穴の開いたバケツに水を注げば、水が漏れていくことが決定的であるように）、今大阪府がやっている内容に「流用」されていくこととなるのは決定的であろう、という次第です。

ただし――もしも大阪市の人口が大阪府全体の多くの部分を占めているのだとすれば、

「府」はその2000億円を使いながら、大阪市（特別区）のために手厚い行政を展開することも考えられます。なぜなら、「大阪府民」と「大阪市民」が、ほとんど一緒になるからです。ですから、その2000億円を使うのが、大阪市民の政府である「大阪市」であろうが、大阪府民の政府である「大阪府」であろうが、「大阪府民イコール大阪市民」なら、2000億円を府が使おうが、市が使おうが、どちらも構わない、ということになります。

そしてしばしば、「ワン大阪」という理念、つまり、府や市の区別をなくして、1つの「大阪」をつくるんだというコンセプトが、大阪都構想だと言われていますから、多くの人々が、「大阪府民イコール大阪市民」であるというイメージをお持ちなのではないかと思います。

もちろん、イメージで考えるなら、「大阪府民イコール大阪市民」ということはあり得る話ですし、ある意味、理想的だと考えることができるかもしれません。

しかし、**「現実の各地の実情」**、さらには、**「現実の政治の仕組み」**を考えると、残念ながら、**「大阪府民イコール大阪市民」とは全く言えない、つまり、「ワン大阪」は理念の上ではあり得ても、現実の政治、行政では成立し難い**――という実情が見えて参ります。

そもそも、大阪市はこれまで、「政令指定都市」に選ばれ、都道府県と同等の権限と財源をもって、様々な事業を展開してきました。その結果、「まちづくり」が大いに進められ、キタやミナミ、アベノといった、日本を代表する素晴らしい都市空間をつくり上げてきました。それと同時に、市街地の道路整備なども着々と進められ、さらに進めなければならない「まちづくり」は残されてはいるものの、それなりに進められてきました。

ところが、大阪市以外の自治体は、多くの自治体にて、それほど「まちづくり」が進められているわけではありません。特に、「道路」については、つくる計画まではあるものの、まだまだ、整備はされていないところがたくさんあるのです。大阪市内の道路の整備率[2]は85％である一方、府下では63％に過ぎません。

つまり、大阪市は、

「道路はそれなりに整備されているけどまだまだ進めないといけない『まちづくり』、例えば、ベイエリアやウメキタのさらなる開発などがある。大阪の顔、大阪の都心をもっとよい空間にしていくために、まちづくりのための投資をさらに進めたい」

と考えている一方で、大阪市以外の大阪府民は、

2 都市計画道路の整備率

「贅沢な都市計画なんて望むべくもない。まだまだ最低限の道路整備が足らない」

と考えている傾向が強いのです。

つまり、道路やまちづくりに関して言うなら、「大阪市民イコール大阪府民」ではないのです。

大阪市民と大阪府民とでは、考えていること、やりたいことが違うのであって、そこに「カネ」が絡めば、**もめごとが起こるのは必至**です。

つまり、府民と市民の間に**「利害対立」**が生まれることがあるのです。そして、大阪市民から大阪府の財布へと吸い上げられた2000億円をめぐっては、文字通りのそんな「利害対立」が生ずるのは必定なのです。

大阪市側は、もともとが自分のおカネだった2000億円の一部を使って、自分がやりたい「都心部のまちづくり」にそのカネを使うことを希望することでしょう。ところが、大阪市以外の大阪府では、十分な道路がまだまだ整備されていないが故に、「最低限の道路整備」に使うことを希望するでしょう。

では、その場合、どちらの意見が優先されるのかといえば——我が国は多数決を用いる民主主義の国です。つまり、その2000億円を取り仕切る府議会議員たちの議論で、どこに何を使うのかが決められるわけです。

では、その府議会の議員の構成はどうなっているかというと、**「大阪市民が3割、それ以外が7割」**となっているのです。そもそもの人口比率がそうなっているからです。

このことは府議会で、上記の2つの意見（大阪市への投資か、それ以外への投資か、ということ）がぶつかった場合、大阪市の意見は通りにくい、ということを意味しています。

つまり、現状で「都構想」が実現し、2000億円が大阪府に吸い上げられた場合、そのおカネで都心への集中投資が進められるかどうかと言えば——都心以外の人たちが大多数を占める今日の大阪府の状況では、現在の大阪市が**都心への集中投資よりもむしろ、周辺の自治体の最低限のサービスレベルの向上に活用**されていく可能性が高いのです。大阪府の判断イコール大阪市とはなり難いのであり府の判断に大阪市が及ぼす影響は限定されているのです。

ところが、今、大阪が「お手本」として真似ようとしている東京都は、全く異なります。

東京は大阪とは逆に、23区が占める人口の割合は**約7割**（ちなみに、経済規模で言うと87%、約9割）にも及びますので、都の判断に、23区民は絶大な影響力を持っているのです。

したがって、「東京都」の行政は必然的に、「23区」に手厚い対応をすることになるのです。

そもそも、東京都の判断は、「知事」と「議会」が行うものです。

知事は東京都民による選挙によって選ばれる訳ですが、その7割が23区民なわけですから、必然的に、知事は23区の意向に最大限、配慮することになります。

議会も然りです。都議会の議員の7割が、やはり23区選出の議員です。したがって、議会の議論でも、必然的に23区の区民の意向を最大限重視した判断が下されることになります。

つまり、「東京都といえばおおよそ23区のことだ」、と知事も議会も、おおよそ認識している訳です。そして残りの3割の、23区以外の都民（例えば、八王子市や八丈島の都民）の意向は、どうしても二の次三の次、になってしまうわけです。

ところが、先にも述べましたように、大阪の場合は、事情が全く異なるのです。

大阪の場合は、東京都とは真逆に、特別区民となる現大阪市民の割合は、全体のたった3割にしか過ぎないのですから、知事選挙で1人の大阪府知事を選んだ場合、その得票の7割が大阪市以外の住民からのものとなるのです。だから知事は、東京都知事のように、特別区の住民の意向に特に配慮しながら行政を進めていくことは、そもそも不可能です。

そして大阪府議会においても、大阪市（特別四区）選出議員の数は全体の約3割で、残りの7割が大阪市以外の市町村からの選出です。同様に、府議会の議論はどうしても、東京都のように、特別区の住民の意向を特に重点的に配慮したものとは、当然ならないのです。

どちらかといえば、大阪府全体のことを中心に考えつつ、大阪市（特別四区）に対しても附加的に配慮しつつ、様々な行政が進められることになるのです。

つまり、**「数の論理」から考えれば、東京都のような、都心を特に重視した「大都市行政」は大阪においては期待できない**、ということになるのです。

そして、上に述べた道路の整備水準にせよ、そして、下水道の整備水準（大阪市100％、府下93％）にせよ、大阪市の方が、それ以外の地域よりも高いのです。

先ほど、大阪市民の税金の数千億や数兆円規模のおカネが、大阪府によってこれまでとは関係のない事業に流用されていくだろう、ということを申し上げましたが、こうした「数の論理」から考えても、そうなることは明白だ、と考えられるわけですね。

つまり、大阪府の財布に入った2000億円のおカネが、道路や下水道などの「格差」を是正するために使われていくことは、（議会等における政治上の「数の論理」を踏まえれば）ほぼ間違いない、決定的な未来であろうと考えられるのです。

そしてそのことは、流用さえされなければ、ベイエリアや中之島の西側の開発をはじめとした様々な大阪市内でのまちづくりをはじめとした事業が「できなくなる」ことを意味しているのですから、2000億円の流用は、結局は、**大阪市民が「損」をする**（不利益を被る）ことを意味しているのです。

――投票にあたっては、大阪市民は是非とも、こうしたリスクの存在をしっかりと吟味する必要があるのではないかと、筆者は考えます。

事実6 東京23区には「特別区はダメ。市にして欲しい」という大阪と逆の議論があります。

ところで、都構想について、次のような漠然としたイメージをお持ちの方もおられるかもしれません。

（1）大阪市は今、疲弊している。
（2）東京23区は羽振りがいい。
（3）だから、大阪でも東京と同じような「特別区」にすれば、羽振りがよくなる。

しかしこれは、大きな勘違いです。それは例えば「今、一番モテている奴は、いつも髪の毛がくしゃくしゃだ。だから自分も髪の毛をくしゃくしゃにすれば、それでモテるようになる！」なんて考えるような愚かな話です。

そもそも、**東京23区がもしも「東京市」だとしたら、東京都心はもっとさらに強烈な集中投資が進んでいるだろうことが明らかなのです。**

具体的に申し上げましょう。

もしも東京23区に「東京市」という、今の大阪市のような1つの「政令市」があったとしましょう。先にも解説しましたが、政令市というシステムは、その内側の都市行政を保護する「保護システム」です。したがって、政令市という保護システムさえあれば、その東京市には、今、「東京都」に召し上げられている、莫大な税金がそのまま残され、その結果、より豊富なおカネを自由に使うことが可能となります。

現在の東京23区の特別区は、「東京市」さえあれば、現状よりもより大きな自主財源を自由に使うことができるようになっていたはずなのです。逆に言うなら、**東京23区は、「東京都／特別区」という仕組みのせいで、つまり、政令市という保護システムがないせいで、凄まじく「損」をしている**訳です。

一方、23区の都民が「損」をしてもらっているせいで、八丈島、小笠原などを含めた23区「外」の都民の人々は、随分と「得」をしているのも事実です。特別区という制度を通して大量に吸い上げることができた大量の税金は、（様々な形で）八丈島や小笠原などに充当されているからです。つまり、東京都という仕組みは東京23区の人々のためにあるというよりもむしろ、23区「外」の人々に税金を配るための仕組みなのだ、と言うこともできるのです。

しかも、この仕組みがあれば「中央政府」は、都内の「赤字」の特別区の財政支援をする必要もなくなります。

それ故、中央政府にとっても「特別区」という制度は、自分の責任を軽減してくれる「とても都合が良い仕組み」なのです。むしろ、もしも都がそうした分配をしなければ、中央政府がそれをしなければならなくなります。ということは、都区制度というものが誰にとって得なのかと言えば、最終的には中央政府、すなわち、「国」にとって得な制度なのだ、ということなのです。

いずれにしても「特別区」という制度は、「特別区の人々のため」ではなく、**「税金がたくさん取れる集中エリアの人々に押しつけて、大量のおカネを吸い上げるため」につくり出された、特殊な制度**だという側面を色濃く持っているのです。

事実、東京23区は、共同でとりまとめた報告書の中で、都区制度の「廃止」を明確に主張しているのです。

「特別区が名実共に住民に最も身近な政府として自らを確立していくためには、……都が法的に留保している市の事務のすべてを特別区（後述の「東京○○市」）が担い、**都区間で行っている財政調整の制度を廃止する必要**がある。」

（特別区協議会『「都の区」の制度廃止と「基礎自治体連合」の構想』（H19・12）より）

言うまでもなく、ここで、23区が廃止を主張している「都区間で行っている財政調整の制度」とは、**「事実4」**で詳しくお話しました「2000億円を吸い上げ、流用していく仕組み」のことを意味しています。やはり、**東京23区の方々も、この「事実4」で論じた問題こそが、大問題だと認識している**わけです。

こうした事情から、**東京23区の皆さんは、明確に「特別区なんていう制度はダメだ。もう一度、市に戻りたい」**と希望しておられるのです（そもそも東京23区はかつて、東京市という自治体だったのです）。

では、東京23区を何らかのかたちで[3]「市」に戻していったら、どうなるのかと言えば――

――最終的には、**23区民が自由に使えるおカネが増える、ということになるのです。**

それは、次のような2つの理由（メカニズム）があります。

第一の理由は、繰り返しになりますが、都区制度があれば、大阪市民がそれによって2000億円を吸い上げられたように、東京23区の人々も様々な行政権限と共に大量の税金を吸い上げられてしまうのです。これを、東京23区の皆さんは、大きな問題だと指摘しておられるのです。

もうこれだけで、23区の方々は都区制度は「けしからんものである」と主張しておいでなのですが、それだけではなく、もう1つの理由があります。

その第二の理由とは、地方交付税交付金、（以下、交付金）、という仕組みに関わるものです。

この交付金の制度というのは、赤字の自治体に対して、おカネを渡してあげる仕組みなのですが、これが、特別区の場合と市の場合とでは、その計算の仕方が全然変わってくるのです。そして最終的に、特別区であれば、特別区民は損をしてしまうことになるのです。

少々ややこしいですが、少し丁寧にお話しましょう。


もし仮に、23区それぞれが1つずつの「市」だったとしましょう。[4]

23区の中には、赤字の区もあれば、黒字の区もあります。

赤字の区に対しては、おカネ（交付金）を渡すことが必要になります。それが交付金の制度の仕組みです。ですが、黒字の区に対しては、国は、おカネ（交付金）を渡す必要はありません。黒字の区の黒字分は、その黒字の区が、自由に使って良いということになります。

したがってその場合は、国が23区全体に支払わないといけないおカネは、23区の区の中の赤字の区の赤字の合計値、ということになります。

つまり、各区が「市」ならば、今の制度なら、23区全体におカネが国から交付されるこ

3 必ずしも1つの東京市というわけでなくとも、複数の区をまとめて、複数の市をつくっていく、場合によっては1つの区を市にする、等、様々なパターンがあり得ます。

4 これは、説明のための簡単なシミュレーションの仮定です。すべての23区を市にすべきである、と論じているわけではありません。

とになるわけです。

ところが、今の23区の東京都の仕組みだと、この23区からおカネを受け取ることができません。

なぜなら、「23区全体で赤字か黒字か」を計算して、それに対して、交付金が支払われるからです。一部に赤字の区があっても、黒字の区があれば、それらを差し引きして、仮に黒になれば、交付金は、23区に対して一切支払われなくなります。そして、**黒字の区の黒字でもって、赤字の区の赤字を補塡する仕組みになっているのです。それが、都区制度というものなのです。**

つまり、都区制度でなく、区が市の制度を導入しているなら、黒字の区の黒字分は、その区が好きに使える訳ですが、都区制度の場合は、余所の区の赤字の補塡に使われることになるのです。

これはつまり、国にしてみれば、特別区という制度を導入しておけば、23区の中の黒字の特別区の黒字分のおカネを（自分は一銭も出さずに）、赤字の特別区に回していくことができる、ということを意味しています。

つまり、東京23区は、特別区の制度のせいで、23区全体として政府からもらえるお金が、「目減り」してしまっている、つまり「損」をしているのです。

さらに、東京の23の特別区が損をしているのは、「おカネ」だけではありません。「権限」が失われているために、自由な投資ができない、という不利益も被っているのです。

そのあたりの事情は、現在、**実際に東京の「世田谷区」で区長をお務めの保坂展人氏が直接書かれた生の声**をご覧いただくのが一番、ご理解いただけるのではないかと思います。以下保坂区長の声をご一読ください。以下、保坂氏のブログ記事をそのまま引用したいと思います（保坂展人区長ブログ『保坂展人のどこどこ日記』2014年2月11日記事より）。

「東京都は、1943年（昭和18年）に東京市と東京府を廃止して生まれました。大阪都構想がベースにしているのは東京都の特別区（23区）のあり方です。大阪府と政令指定都市である大阪市と堺市を廃止して大阪都とし、特別区を設置するとしていました。この議論を聞くたびに思うのは、**東京の特別区の抱える現実と矛盾に対しての理解の薄さです。**

世田谷区は7つの県を上回る88万人という人口を抱えています。そこから感じるのは、**東京の都区制度は必ずしもうまくいっていない**ということです。戦時中につくられた「特別区制度」は、人口規模も自治体実務をめぐる役割分担でも制度疲労が目立っているというのが今の実感です」

つまり保坂氏は、東京の都区制度はうまくいっているわけではない、それなのに大阪では都区制度への移行が議論されているようだが、それを聞く度に、現実の都区制度にどんな問題があるのか、大阪都構想を推進する人々は理解していないのではないか――とおっしゃっているわけです。

では、保坂氏は、一体何が問題だとお考えなのでしょうか。さらに、保坂氏の声に耳を傾けてみましょう。

「世田谷区のような特別区は、地方分権改革によって国や都道府県から基礎自治体へと移管される事務が多いため仕事量が増大し、事業と責任の範囲はふくらんでいます。

一方で、法人住民税、固定資産税（個人・法人）などは都税として徴収することになっており、**その55%が各区に再配分**されるにすぎません（都区財政調整制度）。また、地方分権の流れで基礎自治体に移行した**「都市計画決定権」は、なんと「特別区」のみ除外**されており、まちづくりの戦略指針さえ自由につくることができません。学校教育に責任を持つ立場でありながら、**教員の人事権は都であって、区にありません。**

つまり、**一般の市町村以上に、特別区は財源と権限が制約**されているのです」

つまり、もしも特別区でなく、普通の「市」であるなら、もっとたくさんのおカネを自由に使うことができるのだし、まちづくりを自由に進めることだって、学校教育の先生だって自由に選べるにもかかわらず、「特別区」という立場に甘んじているが故に、おカネも権限も制限されてしまっている、という大いなる「不満」を述べておられるのです。

こうした実情を踏まえ、この「不満」に対して、いかにして、特別区の方々が戦い続けてきたのかが解説されていきます。

「ところで、**東京の特別区は長い間、自治権拡充のたたかいを続けてきました**。

戦後、行われていた区長公選は、「区は都の内部団体」とする都の意向を受けて、1952年（昭和27年）の自治法改正によって廃止されました。その後、72年（昭和47年）に品川区議会が区長準公選条例を制定して住民投票を実施したことで、再び、区長公選への道が開かれました。

現在、区長は区議会議員と同様に選挙で選ばれていますが、実現したのは、75年（昭和50年）からなのです。区長を選挙で選べるようになってから40年たらず、というのは意外という人もいるのではないでしょうか。それまで、区の管理職ポストは「都の人事の受け皿」とされた時代が長く続き、区長には幹部を動かす人事権もありませんでした。

初の公選区長として選ばれた世田谷区の大場啓二・元区長（2011年没）は「世田谷独立宣言」というポスターを制作し、更なる自治権拡充を訴えました。そして、特別区が「基礎的な自治体」として位置づけられるようになったのは2000年（平成12年）のことでした」

つまり、都区制度が生まれて以降、限られた財源、権限しかない特別区の皆さんは、自分たちがもっと自由に、行政を進めることができる権限、つまり**「自治権」**を広げることを目指した闘争を、続けてきているのです。特別区の皆さんは、1975年にはじめて区長を選挙で選ぶ「権利」を手に入れることに成功し、2000年にはじめて、市町村と同等の「基礎的な自治体」と認定されるようになったのです。

しかしその闘争は未だ道半ばでありますので、まちづくりの権限や、学校の先生を選ぶ権限などの、通常の市町村が持っている権限は、未だ与えられていないのです。

こうした実情を垣間見ますと、特別区というのは、必ずしも完璧に独立した一個の基礎自治体というよりは、未だ半人前、あるいは、一人前以下の基礎自治体にしか過ぎないのではないかと――考えられるのではないかと思います。

そしてさらに、保坂氏は、次のように、大阪に対して警鐘を鳴らします。

「東京では、制約された基礎的自治体である特別区から「世田谷市」「新宿市」のようになることもたびたび話題にのぼってきました。それほど問題を抱えたシステムなのです。それだけに、**大阪のように「政令市を廃止して特別区へ」という議論には肯きがたいものがあります**」

もしも特別区に、政令市と同じようにまちづくりの権限とそれを進めるための財源があれば、彼らはそのおカネを好きに使って、自分たちの思いや願いに基づいてまちづくりを進めていくことができるのです。ところが実際には、そういう権限も財源も制限されているため、彼らには、自分がやろうと思うようなまちづくりはできないのです。それはちょうど、親からのお仕着せの服しか着れないのが特別区であり、政令市とはしっかりとおカネをもらった上で、自分で好きな服を選ぶことができる存在だ、ということができるでしょう。

大阪市は自分で洋服を買える存在から、あえて、お仕着せの服しか着れないような、そんな限定的な存在になろうとしているのではないか。それは、あまりにも、東京23区の実情を知らない方々の意見なのではないか——保坂区長は、そのように、大阪市民の皆さんに対して警鐘を鳴らしておられるのです。

今、大阪市から特別区に移行する議論をしている大阪の関係者は、少なくともこうした**「事実」**だけは必ず理解しておく必要があるのではないかと、筆者は思います。

事実7 東京の繁栄は「都」の仕組みのおかげでなく、「一極集中」の賜(たまもの)です。

——ではなぜ、現在の「大阪市」は疲弊しているのに、現在の東京23区が豊かなのかと言えば——それは行政の仕組みの問題ではなく、そもそもの経済規模が全く違うからなのです。

グラフをご覧ください。

ご覧のように、人口についても経済規模（GDP）についても、大阪市と東京23区との間には、実に4倍前後のもの巨大な格差があるのです（ちなみに、都心部のみでなく、東京「都」と大阪「府」とで比較しても、それでもやはり2・6倍以上の開きが両者の間にはあります）。

これは、東京に、あらゆるモノが一極集中していることを示しています。

図3 東京23区と大阪市（特別４区）の人口

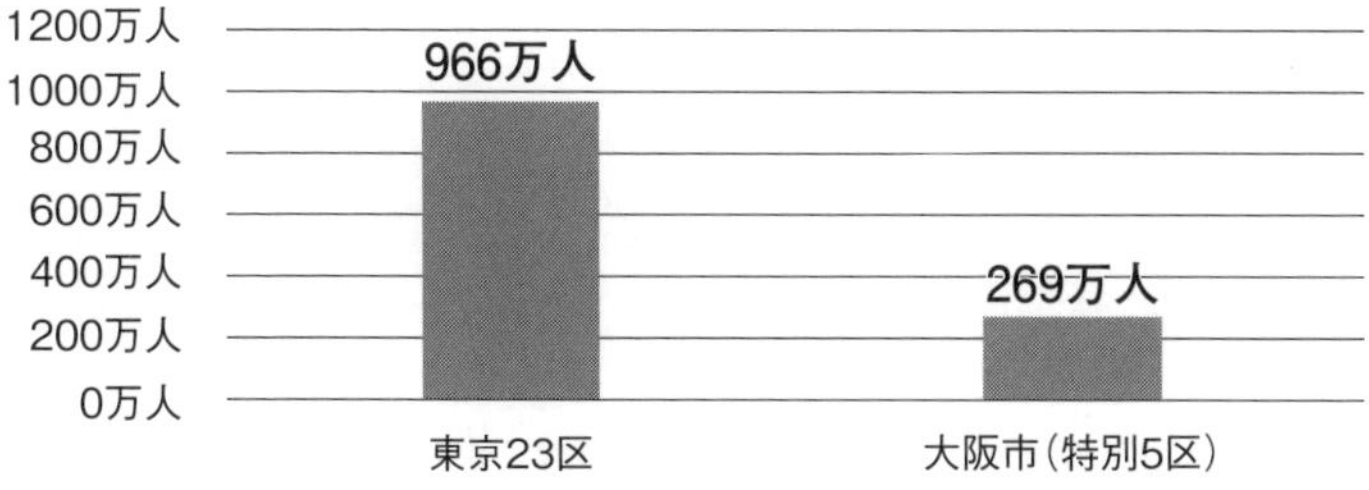

図4 東京23区と大阪市（特別４区）の総生産（GDP）（2013年）

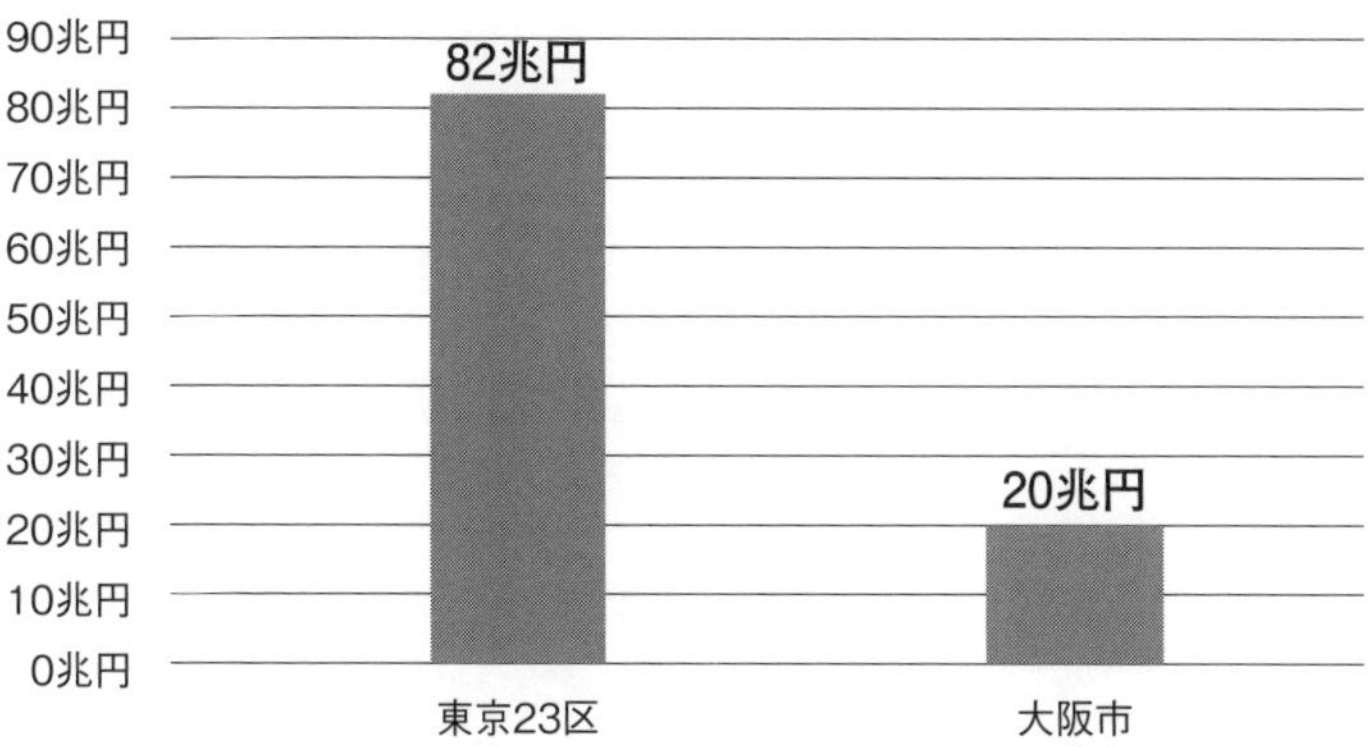

※東京23区は、既存統計を基本に、23区内外の東京の各種経済指標に基づいて藤井研究室で推計した値。

東京23区は、この超絶な経済力を背景に、超絶な水準の豊富な税収を得ることができるのです。それだけの豊かさがあるが故に、「政令市」という東京23区を保護する「保護システム」が失われ、それ故に大量の独自財源を東京都に召し上げられていたとしても、十分な金額の自主財源を使うことができるのです。

これが、東京23区の豊かさの秘密です。

その豊かさは、「都と特別区」という制度によってもたらされたものなのではなく、「東京一極集中」という特殊な事情がもたらしたものだったのです。その豊かさは、「東京市」という政令市の保護システムがないせいで、自主財源が流出し、23区民が損をしたとしても、それを補ってあまりあるほどの豊かさだった、という訳です。

ところが――大阪市はそもそも、23区とは比べものにならない位の「少ない」人口と、「少ない」GDPしかありません。その結果、23区とは比べものにならないくらいの「少ない」自主財源しかもっていないのです。

にもかかわらず、大阪市という、政令市の保護システムを解体すれば、大量の自主財源が、それを使う各種権限と共に流出し、大阪市民は、さらなる疲弊に苛まれるようになることは、決定的であることとは、**「事実4」**の箇所で詳しく説明した通りです。

先の例で言うなら、「今、一番モテている奴は、いつも髪の毛がくしゃくしゃだ。だから自分も髪の毛をくしゃくしゃにすれば、それでモテるようになる」と考えるのが愚かなのは、そもそもその人は全く別の魅力でモテていたのであって、その魅力は、「髪の毛がくしゃくしゃであるにも**かかわらず**」彼をモテさせてしまう程に強力なものだった、というだけだからです。

そうであるにもかかわらず、マヌケにも「モテるために髪の毛をくしゃくしゃに」してしまえば、**ますますモテなくなるでしょう**。筆者には、東京にあこがれて都構想を大阪に導入しようなどと考えるのは、この例で髪の毛をくしゃくしゃにするようになった人物のようにしか思えないのです。

「7つの事実」が示唆する物語：都構想は大阪市民には「とんでもない話」である。

以上、いかがでしょうか？

本章を終えるにあたり、以上に述べた7つの事実が示唆する内容を、改めてここでとりまとめつつ、その事実が意味する内容を解説いたしておきたいと思います。

要するに今回の投票は、「都構想」に対するものとは呼ばれていますが、その実態は、

大阪市を解体し、大阪市民が自治を失うことを意味しているのです（事実2、事実1）。もちろん、特別区民としての自治は始まるのですが、**自治権それ自身が縮小し、2000億円分の財源と権限を大阪府に譲り渡す**ことになります（事実3）。ところが、その大阪府では、都心の大阪市人口は、たった3割にしか過ぎませんから（事実5）、その2000億円のおカネは、大阪市以外の7割の府民の意向が大きく左右することになります。その結果、その大阪市民の2000億円のおカネが様々にロンダリング（転用）され、**他の自治体の道路や下水道に流用されたり、近年、大きく膨らみ始めた大阪府の借金に流用されていく**であろうことが、決定的となります（事実4）。

言うまでもなく、流用された分だけ、大阪市民が受ける**行政サービスが低下**していくことになります。

もちろん、その結果、何が起こるのかは、断定できませんが、その2000億円と共に大阪府に譲り渡された行政サービス項目はいずれも、低下していくリスクを抱えることとなるのは間違いありません。したがって、**都市計画や道路、大規模公園、下水道、港湾等の各種の「まちづくり事業」**に加えて、**高等学校、大学、特別支援学校、精神保健福祉センター**などの広域行政に譲り渡される各種事業はいずれも、そのサービスレベルが低下するリスクを抱えることとなるのです。

すなわち、あっさり言うなら、「都区制度」というものは、財源と権限を吸い上げられる**特別区にとってみれば、大変に「損」**な話なのです。それが証拠に、東京23区には「特別区はダメ。市にして欲しい」という大阪と逆の議論がずっとかさねられてきているのです（事実6）。

以上の事実を踏まえれば、現在の協定書から浮かび上がるのは、「大阪市民」にとってみれば、都構想というものは、「おいしい話」でも何でもない、という実態です。むしろ**都構想は、大阪市民にとってみれば「とんでもない話」**だとすら解釈することすらできるでしょう。ただし、それは大阪市民にとっての話であって、大阪府の立場にたてば、大変に「おいしい話」だという姿が浮かび上がります。なんといっても、**大阪府は2000億円の財源とまちづくり等の権限を吸い上げることができるから**です。

おりしも、**近年借金が急激に膨らんできた大阪府**にとっては、都構想という話は、とても「おいしい話」に見えたとしても不思議ではありません。

しかも、多くの人々は、東京の繁栄と大阪の衰退を対比させ、大阪も東京のような都区制度を導入すると、同じように繁栄できる糸口をつかむことができるのではないか、という漠然としたイメージをお持ちのように思われます。しかし、それは完全なる事実誤認なのです。東京が繁栄しているのは、都区制度のおかげなのではなく、ただ単に、東京に「一極集中」しているからに過ぎないのです（事実7）。

——だからこそ、今、大阪府側は、その権限と財源を吸い上げるためにも、都構想のポジティブなイメージを喧伝しつつ、大阪市を解体する判断を大阪市民たちに直接下してもらいたいと考えているとしても、決して不思議ではないのです。そして、**大阪市民が自治権を放棄し、大阪府におカネと権限の一部を譲り渡すような「とんでもない話」を自分たちで認めてしまうことを、大阪府側は、じっと見守っている**——と解釈することもできるのではないかと思います。

そして万一、大阪市が、自分たち大阪府側に、権限と財源を差し出す判断を、住民投票で下したとするなら、仮にその後、大阪市民たちが「しまった！」と感じ、元に戻りたいと言い出したとしても、それを決めたのが「自分」なのですから、それはもう**後の祭り**となるのです。

だからこそ「都構想」という大阪府全体に関わるようなイメージで言われているものであるにもかかわらず、その住民投票は、自治権の一部を譲り渡す側の大阪市民だけが対象となっているのです。

こうまとめて考えてみれば、**「大阪市民にとっては、自分たちの自治を失う都構想は『と**

んでもない話』」だと解釈せざるを得ないでしょう。

しかも、橋下徹氏が大阪府知事であった時代、「大阪市が持っている権限、力、お金を**むしり取る**」と公言しておられたことが、当時の読売新聞にて報道されています。すなわち、

「今秋に想定される府知事、大阪市長のダブル選を「大阪都構想」の信を問う最終決戦と位置づけ、「トリプルスコアで勝たないと役所は生まれ変わらない」と気勢を上げた。**「大阪市が持っている権限、力、お金をむしり取る」**と挑発的な言葉で市への対抗心をむき出しにし、秋の陣に向けた動きを本格化させた。」（読売新聞　2011年6月30日）

言うまでもなく「むしり取る」という言葉は「奪い去る」ことを意味するのであって、「むしり取られる」側にとってそれは、「とんでもない話」にしか過ぎません。したがって、この橋下元市長の言葉を援用しながら、上記の事実1～7に基づいて構想される物語は、**「都構想とは、大阪市が権限、力、カネをむしり取られる話だ」物語**と命名することもできるのではないかと思います。

もちろん、物語は1つの解釈に過ぎません。

それは事実とは必ずしも同じものではありませんから、筆者は、ここで論じた解釈を読者に強要するものではありません。

しかし、少なくとも筆者が指摘した7つの事実、そしてさらに、橋下徹氏が大阪府知事時代に、「都構想」を推進しようという強烈な意思を既にもっていた府知事時代に「大阪市が持っている権限、力、お金をむしり取る」と発言していたという事実だけは、いかなる解釈(物語)をつくり上げるにあたっても忘れてはならないでしょう。物語の形成において何よりも重要なのはツジツマなのであり、これら諸事実とツジツマが合わないような物語は、必ずどこかでほころびるのは必定なのです。

第二章

大阪都構想 知っておいてもらいたい「7つの真実」

以上、大阪都構想についての、基礎的な7つの事実を解説しました。

これらの7つの事実は、賛成にせよ反対にせよ、投票に当たっては理解しておくことが必要な事実であると、筆者は考えていますが、それら以外にも、投票判断にあたっては、是非とも知っておくべき重要な事柄がいくつもあります。

この第三章では、そうした「事実」や、現在の都構想の設計図である「協定書」を基本として、都構想が実現すると、大阪市民の暮らしや「自治」の姿、さらにはそして大阪の街それ自身がどのようになっていくのか――という将来の見通しをお話しして参りたいと思います。

ここでもまた、7つの項目についてお話いたしますが、このお話はいずれも、将来の姿に関わるものですから、ここではそれらを**「7つの真実」**と呼称しつつ、それについて1つずつ、お話しして参りたいと思います。

先の章で述べた7つの事実は事実であり、賛否関係なく、皆が理解しておくべき基礎的な事実でしたが、ここで論ずる7つの真実は、都構想という「構想」が一体どういうものなのかを理解するにあたって、極めて重要な**「解釈」**となるものと考えています。したがって、是非とも先に述べた「7つの事実」に加えて、ここで論ずる「7つの真実」についてもしっかりとご理解いただき、「都構想」についての理解を深めていただきたいと思います。

真実1 「都構想」は「一度やってみて、ダメなら元に戻す……」は絶望的に難しい。

先の章の最後にも指摘しましたように、先にお話した7つの事実を素直に考えれば、「大阪市民にとっては、都構想の実現は、とんでもない話だ」という「解釈」があり得る、ということになります。

無論、それは、一解釈であり、それに賛同されない方もおられるものと思われます。そしてやはり、改革を断行する「都構想」について魅力を感じている方も少なくないのではないかと思います。

しかし、そういう「都構想」に賛成の方でも、確かに何らかの「リスク」はあるかもしれないと、漠然とした心配を抱いておられるかもしれません。そしてそんな時には、実に多くの方が、次のようにお考えになっておられるのではないでしょうか。

「確かに、そういうワルイことが、都構想を実現したら、起こるのかもしれない。でも、それはやってみないと分からないじゃないか。だからまずは都構想、一回やってみて、アカンかったらアカンかったで、またその時にもう一回考え直せばいいじゃないか」

――しかし、残念ながら、もし「アカンかった」（＝ダメだった）としたら、その時にはもう、**手遅れ**なのです。

なぜなら、一旦都構想が実現し、市が解体され、4つに分割されてしまえば、もう一度、今のような格好で、大阪市を「取り戻す」ことは、現実的には不可能となるからです。

そもそも、我が国には今、大阪市を廃止して特別区をつくる法律は存在しているのですが、その逆の「特別区」の制度を廃止して、「市」をつくる法律は存在していないのです。

だから、現時点では不可能だ、としか言いようがありません。

もちろん、特別区の廃止法が国会で成立すればそういうこともあり得るかもしれません。

しかし、その法律の成立は、極めて厳しい状況にあります。

なぜなら、先の章の**「事実6」**でご紹介したように、東京23区は「市」に戻ろうと運動を続けているのですが、それはなかなか認められてはいないのです。

理由は2つ。

第一に、東京都は、それを認めようとはしません。もしも、特別区が市に「格上げ」になることを認めれば、東京都は再び、今持っている財源と権限の一部を特別区側に譲り渡さないといけなくなりますが、それは都が大いに反発することになります。政府としても「東京都」の考え方を無視するわけにもいかないとするなら、この理由だけで、23区を市に格上げする法律が議論されることは難しいと考えられます。

第二に、（既に**「事実6」**について論じた際にも示しましたように）都区制度があるおかげで、中央政府は23区が「市」であるならば支払わなければならなくなる交付金を支払わずに済んでいる、という事情があります。したがって、23区が市に格上げになってしまえば、中央政府は支出を増やさないといけなくなってしまいますから、都区制度の廃止は、猛烈な反発が政府内から生ずることも考えられるわけです。

こうした事情がある以上、都区制度を廃止して、通常の市の制度に移行させる法律が成立する見込みは、極めて低いと言わざるを得ないのです。

つまり、大阪が一旦都区制度を採用した後に、再び大阪市に戻ることを認めてしまえば、東京もまたそれを認めざるを得なくなる——しかしそれは、東京都や中央政府からみれば、大変に「まずい」ことなのです。だから東京における特別区の市への移行を認めないためにも、大阪において特別区から市に戻す話を、政府が認めるとは到底考えられないわけです。

かくして、**「都構想」が実現した後、仮に後悔しても、元に戻ることは、絶望的に難しい、**

ということもまた事実であり「真実」なのです。

真実2　大阪都構想という「大改革」を行うためのコストは莫大にかかる。

「大阪都構想」というのは、大阪市を廃止し、4つの特別区を設置する大改革ですが、こういう「改革」を考える際に、しばしば忘れ去られているのが、次の一点です。

「改革を行うにあたって大きなエネルギー／コストが必要となり、改革それ自体によって、疲弊してしまう。そして、具体的な仕事・プロジェクトができなくなってしまう」

つまり改革には**「改革疲れ」**がつきもので、それによって、しばらくの間何もできなくなってしまうのです。

具体的にお話しましょう。

今、都構想に向けて、大阪市、大阪府の優秀なスタッフが大量に投入され、その設計図をまとめています。もうそれだけで、強大な行政コストが「改革」それ自身に投入されているわけですが、問題は、都構想が決まった後で、具体的にどのような仕組みを設計するのか、という問題です。

そもそも都構想が実現するためには、大阪市役所の機能を、大阪府と特別区に引き継いでいかなければなりません。大阪市役所は3万5300人の巨大組織です。したがって、その引き継ぎは、未曾有の「超巨大引継事業」とならざるを得ません。つまり、その3万5300人の1人1人が、都構想が実現すれば、一体何の仕事をするようになるのかを、調整していかなければならないわけです。

ちなみに現時点の協定書には、大阪市職員の内、約2万人の職員がどこで働くかのおおよその見取り図は示されていますが、約1・5万人の職員がどこでどう働くかは決まっていないのです。このことはつまり、大阪市の仕事を大阪府と特別区に、具体的にどのように引き継いで行くのか、その具体的な姿は未だ確定していない、ということを意味しています。

そしてその具体的な姿は、都構想が（可決されたら）具体的に開始されると言われている、2025年の1月までの4年の間に検討することになります。

したがって、大阪市という組織と大阪府の関連部局は、これからの4年の間、具体的な行政にその行政パワーをつぎ込むのではなく、自分自身の改革のために、とりわけ大阪市役所について言うなら、自分自身の消滅、解体のために、その全力を投入しなければならなくなるのです。そして言うまでもなく、都構想が実現した直後においても実に様々な問題、混乱が噴出することは間違いありません。1人の人間が職場で異動があるだけで、その引き継ぎは、大変に骨の折れる仕事ですよね？　そういう引き継ぎが、3万5300人分、発生してしまうのです。

しかも、「特別区」という仕組みは、今回初めて導入されることになるのですから、そのためにはとてつもない労力が必要になります。

つまり、これまでは問題を抱えながらも「大阪市民のための仕事」に従事してきた3万5300人分の仕事が一旦は消滅し、それを部分的に引き継ぎながら新しい仕事を始めなければならないのです。したがって、都構想実現後も当面の間、おそらくは、準備期間の4年間を含めた少なくとも7、8年の間は、彼らの行政パワーのかなりの部分を、自らの新しい仕事をつくるための仕事に投入されていき、大阪市民のために十分投入されなくなってしまうのです。

これは、大阪市民にとって、とてつもない損害をもたらします。

日本中が今、「コロナ」対策で疲弊している中、大阪はそれに加えて、大阪市役所の**3万5300人分の「大引継事業」**という、何ものも産み出さない、単なる「内向き」の途轍もない大事業に従事せざるをえなくなるのです。その結果、大阪の相対的な地盤沈下はさらに進行してしまうことになるでしょう。

つまり都構想というものは、その実現後の仕組みそのものにも様々な問題が見いだされるだけでなく、それを実現する**移行期間だけを考えても大阪に対して大きな被害をもたらす**ことは必至なのです。

真実3 「都構想」とは、大阪市民が自分たちの『自治』を失う話なのです。

さて、この「自治を失うか、失わないか」という住民判断を考える上で、堺市と大阪市との間には大きな相違点があります。それは「名称」の問題です。

堺市の場合は、現在の住民自治が行われている、その（政治的）共同体の名称が「堺」（市）であり、都構想実現後にできあがる（政治的）共同体の名称である「大阪」（府）とは異なるものでした。したがって、「堺をつぶすな！」というメッセージに象徴されるように、「都構想」は堺市民にしてみれば、明確に自分たちの自治を失わせるものだという事実が、誰にでも分かりやすいことだったのです。

ところがこのたびの住民投票でその賛否が問われる「都構想」は、解体される共同体の名称も**「大阪」**市であり、それを吸収する共同体の名称もまた**「大阪」**（府）であるため、「大阪市民としての一体的な自治が、都構想によって失われる」という事実が分かりにくくなり、**隠蔽**されてしまっているのです。

しかし、大阪市民はこれまで、大阪市民の「自治」を行ってきたのは厳然たる事実です。

そもそも**「自治」とは、「自分や自分たちに関することを自らの責任において処理すること」**。

今まで「大阪市」と今呼ばれている、大阪の都心エリアでは、100年以上にわたって、この自治を行ってきました。つまり、自分たちでおカネを（税金というかたちで）出し合って、教育、福祉、まちづくり等の様々な共同の事業を進めて来たのです。

そして、そんな共同事業を行うために、市長という1人のリーダーを決め、そのリーダーに、各事業を行う総指揮を務めさせてきました。そんな組織として「大阪市役所」という役所をつくり、その職員を公募し、その中からできるだけ優秀な役人を選び、彼らにいろいろな仕事（消防、教育、まちづくり、福祉、医療等）をさせてきたのです。

一方で、そんな行政の仕事のやり方や、そのためのおカネ等については、皆でじっくり話し合って決めなければなりません。そうした理由から、大阪市民たちは自分たちの代表である議員を選び、彼らに議論する仕組みをつくったのです。それが「大阪市会（市議会）」と呼ばれるものです。

――もちろん、このような「公民の教科書」にでも書いてあるような当たり前の話をしたところで、「だからどうした⁉」という声が飛んできそうです。そして、いろいろなところで見聞きするのは、**大阪市役所と大阪市会というものに対して、今の多くの大阪市民の皆さんが、大変な不満を抱いている**、という事実です。そして、そんな不満があるから、大阪の市役所や議会を「解体してしまえ！」という気分になっているということも、しばしば耳にします。

つまり、今大阪に「都構想」を押し進める気分が存在しているのは、「ロクでもない大阪市役所と大阪市会を解体してしまえ！」という住民の不満があるからなんだ、としばしば言われているわけです。

しかし、役所や議会の中に「どれだけ立派でない」方々がおられるとしても、やはり、

大阪市会議員や大阪市役所の役人は「大阪市民」にとっては、重要な存在なのです。それは、社長にとっては、自分の会社のために働いてくれる社員は、やせても枯れても、どれだけロクでもない奴でも大切な存在なのだ、ということと同じなのです。

詳しくその理由を説明しましょう。

そもそも、大阪市長や大阪市会議員、大阪市の役人たちは、他の役所の役人や政治家と違って、「自分たち大阪市民のために働くために雇われている存在」です。つまり、大阪市の市長や議員、役人たちは皆、筋からいって、大阪市民が「雇い上げている人々」なのです。実際、彼らの給料は、大阪市民の税金からまかなわれているのですから、文字通り、大阪市民の皆さんが、身銭を切って雇い上げている存在なのです。

いわば、大阪市民は、大阪市長や大阪市役所の役人を、「雇っている」という立場にある、主人なのです。

いうなれば、大阪市役所の役人や議員、市長は皆、「大阪市民という社長」の「部下」のようなものです。つまり、**市長は、単に大阪市民の「部下」なのであり、せいぜいが部下の筆頭程度でしかない**、とも言えるのです。[5]

ではここで、あなたがある会社（大阪市会社）の経営者だったとしましょう。そしてあなたは、何人かの社員を雇っています。

そんな時、あなたの部下が役立たずで、大いに不満だ、と考えていたとしましょう。

その時、あなたならどうしますでしょうか？

まず考えられるのは、教育ですが、それが無理なら、普通は「クビ」にして、他の人を「雇う」ことをしますよね（いわば選挙で他の市長、議員を選び、その部下も代えさせる）。

一方で、どれだけ社員に不満があっても、**自分の会社を解体**し、自分の会社の経営権の特に重要な所を**他の企業**（「大阪府会社」と呼びましょう）**に譲り渡す**と同時に、**4つの小さな会社に分割**しなおすようなマネをするでしょうか？

確かにあなたは、自分の会社を解体することで、今まで大いに不満を抱いていた社員を路頭に迷わせることに成功するわけですから、**溜飲は下げられる**かもしれません。しかし、それがあなたにとって、どれだけメリットのあることなのでしょう？　肝心のあなたがや

5　そもそもそれが、自治、というものなのです。なおこれはあくまでも地方自治の話であるため、国家全体の政治における君主制の議論は一旦さておきたいと思います。

ろうとしていた企業経営はどうなるのでしょうか――？

今回の大阪都構想とは、まさにこういう話であると、筆者は考えます。

つまり**「自治」**とは、例えば「大阪市会社」という会社の**「経営」**をすることと同様なのです。

なのに、社員（議員や役人）が不満だからといって、上記のように会社を解体して、他の企業「大阪府会社」に、２０００億円分の経営権を譲り渡すと同時に、４つの小さな会社に分割するようなマネをするのは「暴挙」の類いではないでしょうか？　大阪市民の「自治」の視点から今回の都構想を解釈すれば、そういった、不条理な「会社の解体」話と何ら変わらない、という姿が見えてくるのです。

もちろん、あなたはそうなっても、「大阪府会社」という大企業の経営者の一員でもありますから、その経営に「口出し」することはできます。しかし、「大阪府会社」には、あなたの2倍以上の経営者がいるのですから、その「大阪府企業」の経営を、自分たちの思い通りに進めることはできないのは、火を見るよりも明らかです。

一方で、大阪市民は4つに分類されて、それぞれ小さな「特別区会社」を経営することができます。しかしそれは、これまで経営してきた「大阪市会社」とは似ても似つかぬ程の、さして権限も経済力もない、小さな会社にしか過ぎないのです。

万一、あなたがもう、これ以上会社の経営なんて続けるのが面倒だ、つまり、自治を続けるのなんて面倒だ――と考えているとしたら、こういう会社の解体、分割もまた1つの合理的な選択なのかもしれません。

しかし、それはあなたにとって、**「あなたのためだけに働く強力な部下を失うことを意味する」のです**。

もちろん、あなたは「特別区会社」という小さな企業を経営することができますから、部下のすべてが失われるということではありません。しかし繰り返しますが、「特別区会社」ができることはたかが知れているのです。予算も権限も限られた「特別区会社」には、せいぜい、身近な住民サービスの仕事をさせる程度が関の山です。ところが、「大阪市会社」は、文字通りの大企業だったのですから、大きなまちづくりとか、レベルの高い福祉や教育等を「やらせる」ことができたのです。

つまり、大阪市長には様々な強力な権限がありますが、特別区長にはそんな権限はないのです。大阪市会議員は大きな政治的な影響力を持っているのですが、特別区議会議員には、そこまでの大きな政治的な力はないのです。さらに言うと、大阪市役所には、近畿一円から優秀な学生が集められ、高い技術力、行政力を維持し続けることができるのですが、特別区役所になれば、必ずしも優秀な学生が数多く就職することはなくなるでしょう（例えば、筆者がかつて7年間務めていた東京工業大学では、都庁に就職する学生はたくさんいましたが、区役所に就職する学生は1人もいませんでした）。

――ご理解いただけましたでしょうか？

もしも都構想が実現してしまえば、大阪市民の皆さんは、大阪市長と大阪市会議員という強力な政治的パワーや、大阪市役所という強力な行政組織を「自由に活用」することができなくなってしまうのです。その代わりに皆さんにあてがわれるのは、圧倒的に政治力の弱い特別区長と特別区議会議員と、行政能力が必ずしも大阪市役所ほどに高くない特別区役所だけなのです。

それが、**現在の大阪市民に対してどれだけ強烈なデメリットをもたらすのか、それは計り知れぬものがあります。仮に都構想で二重行政なるものが改善することがあったとしてもそんなメリットをあらかた吹き飛ばす程の、強烈なデメリットとなるでしょう。**

無論、皆さんの行政サービスは、「大阪府」がやってくれると言う側面があります。しかし、その「経営」について大阪市民が口出しできる割合は30％程度しかないのです。大阪市ならば、「100％」自分たちのためだけに働いてくれ、と要請することができたにもかかわらず——。つまり、知事からみれば、大阪市民は全大阪の3割にしか過ぎないのですから、大阪府知事は大阪市民だけの言うことを聞いてくれるわけではないのです。

——ちなみに、全国各地の人々の多くは、自分が属している地域の「自治」の力を、少しでも拡大しようと、躍起になっています。村は町に、普通の市は政令市というより権限が強く、自治の力の強い自治体に「格上げ」してもらおうと、躍起になっているのです。それは、東京23区の特別区ですら例外でなく、普通の「市」に格上げしてもらおうと、必至に努力を重ねている、というのは、先の章の**「事実6」**で詳しく説明した通りです。

それもこれも、強力な自治の力がある方が、ない時よりも、自分たちの幸福の追求がより、やりやすくなるからなのです。

この「常識」を基本とするなら、**今回の都構想のように、大阪市民が自治を失い、自分たちが100年以上にわたって「経営」し続けてきた大阪市という自治体を解体するのは「正気の沙汰」とは言えぬ暴挙**なのではないかとすら——考える方がおられるとしても不思議も何でもないでしょう。

そして、そうした「常識」が、堺市にはあったのです。だからこそ、彼らは、「堺はひとつ、堺を潰すな！」というかけ声の下、自分たちの自治を失わせる都構想に対して、決然と「Ｎｏ！」を突きつけたのです。

以上、いかがでしょうか？

「自治」というものが一体何なのかが、一般の方々には十分知られていないのではないかと思いますが、それが一体何を意味するのかを、ご理解いただけましたでしょうか？

そしてそれと同時に、「自治を失う」ということが、一体どれだけ酷い話なのかの、片鱗だけでもご理解いただけましたでしょうか？

例えば、大阪府立大学の歴史学者の住友陽文教授は、大阪都構想について、次のように指摘しておられます。

「住民投票の結果は大阪市民の意思の表明だから、その結果に大阪市民以外はとやかく言えないけど、大阪市民はちゃんと何を問われているのか理解すべきだ。**こうやって市民としての意思を問われるのが、今度の住民投票で最後になるかもしれない。それがイヤなら、NOなんだ。**[6]」

この意思決定でYESとなれば、この意思決定機構そのものがなくなってしまう——つまりその住民投票という意思決定は、大阪市民という共同体にとってみれば「自分自身が死ぬか否かを決める判断」、すなわち「自治体として自殺するか否か」の判断なのだと、解釈できるわけです。そして、そんな自殺がイヤならば、NOと言わねばならないのではないかと、指摘しておられるのです。

——もちろん、住民の「自治」というものが一体何なのかを、これまでじっくり考えた事がなかった方もおられると思います。

それはさながら、すべての地域の人々にとって、「自治」があるのが、そこに空気があるような、極当たり前のことだったからです。

6 https://twitter.com/akisumitomo/status/564673686506962944

しかし、自治の自殺とすら言いうるこの「都構想」への賛否の判断を、「自治」というものについて思いを巡らさないままに下すのは、**余りにも悲しい話**だと、筆者には思えてならないのです――。

真実4 いろんな行政の手続きが「三重化」して複雑化します。結果、行政サービスが低下することは決定的です。

「都構想」が実現すれば、大阪府と大阪市の二重行政が解消されて、行政が効率化され、コストが縮減できる――という指摘があります。

筆者もまた、そう指摘される側面が、これまでの府市の行政の間にもあったのであり、完全な「ムダ」があったとするなら、それが削除されていくのは、望ましいことだと考えます。例えば、府市が独立に行った巨大ビル建設等は、事前の調整を図れば、効率化できたことはあっただろうと思われます(ただし、二重行政の象徴として指摘され続けてきた「府立図書館と大阪市立中央図書館」は、結局どちらも利用者が多く、少なくとも現時点では整理せずに、残ることになっています。同様に、大阪市内にあるそれぞれの中央体育館も、ともに利用されていることから、少なくとも現時点では、存続が決まっています。つまり結局は、それらの「二重行政」

は「ムダ」なのではなく、「必要」なことだったのです。なお、ムダな二重行政についても、それを改善・解消するためには「都構想」という仕組みに移行せずとも、現状の仕組みの中で、府と市が協調すれば、改善・解消できるようになるという議論も、様々な論者から指摘されている点はここに付記しておきたいと思います）。

しかし残念ながら、都構想が実現すると、二重行政の解消というような「メリット」が生まれる可能性ばかりではなく、**新たな「非効率」が産み出されるという新たな「デメリット」が生ずる**可能性も強く懸念されるのです。つまり、協定書の記述を詳しくみてみると、「都構想による効率化」というイメージとは「真逆」のことが起こってしまうリスクは甚大にあり、しかも、そのリスクの方が圧倒的に確実かつ大きいのではないか、ということもまた強く懸念されるのです。

この「真実4」では、その点について、解説したいと思います。

そもそも、都構想が実現すれば「市と府」の二重行政は幾分解消するかもしれませんが、その一方で、大阪市という「1つの役所」が解体され、特別4区の「4つの役所」ができあがり、それを通して、行政コストが高くなってしまう、ということも懸念されます。

なぜならこの4つの区役所には、似たような窓口や総務部をつくらざるを得ないからです。

もしも、1つに統合できているのなら、1人でできる仕事も、4つものバラバラの区役所があるなら、それぞれについて1人ずつ各役所が雇わないといけなくなってしまいます。結果、項目によっては、純粋に「4倍」ものコストがかかってしまうケースも生ずることになります。

ですがこれは考えてみれば当たり前のことです。しばしば、民間ビジネスの世界では「別々の会社を合併することで、効率化を図る」ということが行われていますが、今回の大阪市の4分割案は、そうした効率化の取り組みの「真逆」の取り組みとなっているわけです。ですから今回の都構想は、「非効率化」「効率悪化」を引き起こす側面を、明確に持っているのです。

あるいは、郵政民営化の際に、郵便局が、4つに分社化されたおかげで、事務処理コストが増え、非効率化し、サービスレベルが低下してしまったことは、よく知られた事実です。

さらに言うなら、現在示されている都構想の試算では、現在3万5300人の職員が都と4つの特別区などに分散配置され、職員数の合計は現在と変わらないとなっていますが、これは、必要な人数を積み上げて計算したというよりも、単なる「つじつま合わせ」である疑義が濃厚に考えられます。4つの特別区がきっちりとした住民サービスができる体制になるためには現実的な増員が必要であることは、どう考えても否定し難い事実であるように思えます。

ただし、「水道」「下水道」などは、既に大阪市内に、1つの一体的なネットワークができあがっています。これを、各区ごとバラバラに運営するのは、あまりにも非効率です。

そこで、こういった「各区ごとにバラバラに運営するのがあまりにも非効率な行政」については、4つの特別区に行政を分割するのではなく、今までの大阪市役所と同じように、大阪市全体で行政を行う組織をつくることが議論されています。つまり、4つの特別区とは別にもう1つ、特定の行政を行う**「プチ大阪市役所」**のような存在をつくろう、というわけです。

その「プチ大阪市役所」の組織名は、一般に**「一部事務組合」**と呼ばれています。何とも聞き慣れない組織名だと思いますが、「行政が行っているいろんな事務の内、一部だけを担当する、組合組織」というわけです。つまり今大阪では、

1）大阪市役所を潰すということに決めたとしても、
2）やっぱり一部の行政については大阪市役所のような存在が必要になるので、
3）わざわざ大阪市役所を潰すのだけれどもその一部行政を行うプチ大阪市役所をつくろ

う、という何ともややこしい議論がなされている訳です。

「組合」と言えば、なんだか実態がないようにも聞こえますが、法律的には、これもれっきとした1つの「公共団体」です。

つまり、**「都構想」というのは正確に言えば、「大阪市という公共団体を1つ解体して、4つの『特別区』と1つの『一部事務組合』という、複数の公共団体をつくること」**を意味しているのです。

このことはかなり深刻な問題を意味しています。

そもそも、今は「大阪府・大阪市」の二重行政が問題だと言われ、その解消のために都構想だ、と言われているのですが、その都構想が実現してしまえば、驚くべきことに「大阪府・プチ大阪市役所（一部事務組合）・特別区」という**三重構造**が現れてしまうのです。

これは、**解釈の問題ではなく、れっきとした事実です**。少なくとも、現在の協定書の中身を読む限り、そうとしか言いようがありません。

そもそも、このプチ大阪市役所である一部事務組合は、特別区がおカネを出し合って事務をやってもらうという仕組みです。つまり、4つの特別区が、それぞれの思いでそれぞれおカネを出して、共同で1つの事業をやろうとするものです。ところが、そこでの議論がうまくいく保証はどこにもありません。**異なる特別区同士がモメてしまえば**、そこには瞬く間に、「特別区とプチ大阪市役所（一部事務組合）」との間に、相容れない**「二重構造」**が生じてしまうことになるのです。

かつてならこういうモメごとは起きません。なぜなら、大阪市内の行政には、たった1人の「大阪市長」というリーダーがいたからです。ところが、「都構想」が実現し、大阪市が解体されて4つの特別区に分割されれば、そんなリーダーが不在となり、互いに利益の異なる4人の特別区長というバラバラのリーダーが存在することになるのです。それぞれの区長は、それぞれの区民の選挙で選ばれた人たちですから、選挙民の付託がある以上、選挙民の利益を最大化するために、他の区民の利益が損なわれようとも、自分の区民の利益を強く、主張し続けなければなりません。つまり、異なる区同士の間に、**「利害対立」**が生まれるのです。

そうなると、一部事務組合の各種調整では、恐るべき混乱に陥るであろうことは必至なのです――。無論、その話し合いの場には大阪府の関係者（知事等）も同席しますから、大阪府が、その調停において重要な役割を担うことになるとも考えられますが――それもまた、おかしな話です。そもそも、4特別区の間の調整は、かつては、大阪市長の下、一体的に図っていたのですから、そこに大阪府が介入してくるとなると、話はさらにややこしくなっていくでしょう。

――ということで、この「一部事務組合」なるプチ大阪市役所は、**連日モメにモメることが決定的**な状況にあるわけです。

いずれにしても、以上の話は、次のような「重大な事実」を示唆しています。

すなわち、今までは「大阪市」という1つの組織しかなく、すべての調整をすべて役所内で行う「一重構造」だったところ、4つの特別区をつくった途端に、プチ大阪市役所（一部事務組合）が必要になってしまい、その結果として**「二重構造」が新たに現れ出てしまうのです**。そしてここに大阪府の存在も考慮に入れれば、あっというまに何ともややこしい**「三重構造」**が生まれることになる、という次第です。[7]

ところで、この点について、大阪維新の会の「都構想」のHPには、次のようなQ&Aが掲載されていますが、その内容は、全くもって、市民を安心させるようなものではありません。まずは是非、下記、ご一読ください。

Q. 大阪都構想の実現で、実際には、都、特別区、一部事務組合の三重行政にならないの?
A. 「大阪都と特別区で明確に役割分担することが、都構想の基本的な考え方です。〝一部事務組合〟という組織で、ごく限られた事務のみを共同実施しようとしていますが、三重という言葉は当てはまりません。都道府県が担う方向で議論が進んでいる「国民健康保険」や民営化を予定している「水道事業」が含まれているため、財政規模が大きく見えてしまいがちですが、保険料のバラツキ見直しや保険財政安定の観点から、国民健康保険や介護保険の運営を共同で行うことはむしろ当然のことです。

確かにこの文章では「三重という言葉は当てはまりません」という言葉が書かれています。しかし、**その「理由」が一切書かれていないのです**。そもそもの問いが「三重行政にならないの?」という問いなのですから、そのA. にはその理由が書かれているべきであるにもかかわらず、です。

7 ここで論じているのは、行政の重複を言う二重行政、三重行政、ではなく、意思決定や事業遂行プロセスが二重化、三重化してしまうことを指摘しています。

そこに書かれているのは、「共同で行うことはむしろ当然のことです」という、三重行政では「ない」ことの理由ではありません。つまり大阪維新の会の公式HPには、**何の理由もなく**「三重という言葉は当てはまりません」と書いてあるわけです。これでは少なくとも筆者は、安心できるどころか、不安になってしまいます。

しかもここには、市民を安心させるかのように、「ごく限られた事務のみ」が一部事務組合で担当するかのように書かれているのですが——この記述には、**重大な疑義**があります。協定書に書かれている事業のリストは、**「ごく限られた事業」とは決して言いがたい量**なのです。

表Xをご覧下さい。これが、今の協定書に書かれている、一部事務組合をつくって、特別区が共同で遂行しなければならないもののリストです。

これが「ごく限られた事業」に見えますでしょうか——?

ちなみに、東京の特別区が設置している一部事務組合等の組織が対応しているのは、たった4つしかありません。そこからみても、「都構想」で予定されている一部事務組合の数の「異常さ」が分かるのではないかと思います。

そもそも、上記の解説文書の中に明記されているとおり、保健や水道が入っているため、「財政規模が大」きいのは事実です。ただ、それぞれの運営の詳細は未定な状況であり、実際の事業規模がどれくらいになるのかは、今のところ分からない状況です。ただし、その事業規模は、場合によっては6400億円程度（これは、堺市の全予算規模に匹敵する額です）になる可能性があるのではないか、とも指摘されているくらいですから、[8]維新の会のHPに記載されているような**「ごく限られた事業」では、断じてない**と言うことができるでしょう。

ちなみにここまで巨大な一部事務組合は、我が国には存在した試しがありません。なぜなら、表1に記載された事業の多く（福祉、市民施設、システム管理、等）は、通常の自治体なら、安価なアパートで風呂を共用するように他の自治体と共用するのではく、すべて**「自前」でそろえるのが当たり前**だからです。だから、一部事務組合がそこまで肥大化するような自治体運営は、これまで存在してはいなかったのです。

例えば、東京23区にある一部事務組合は、ゴミの焼却処理工場等の、文字通りごく一部

8 『議会論戦から：検証・大阪都構想／下　最大級の一部事務組合「三重行政」の指摘も』毎日新聞　2014年10月24日　大阪夕刊

表1　一部事務組合（いわゆる「プチ大阪市役所」）で共同で行うと言われている事業

①事業

国民健康保険事業、介護保健事業、水道事業及び 工業用水道事業

②システム管理

住民情報系７システム〔住民基本台帳等システム、戸籍情報システム、税務事務システム、総合福祉システム、国民健康保険等システム、介護保険システム、統合基盤・ネットワークシステム〕等

③施設管理

〈福祉施設〉

児童自立支援施設、児童心理治療施設、児童養護施設、母子・父子福祉施設、大阪市立心身障がい者リハビテーションセンター、福祉型障がい児入所施設、障がい者就労支援施設、特別養護老人ホーム、医療保護施設

〈市民利用施設〉

青少年野外活動施設、ユースホステル、青少年センター、こども文化センター、障がい者スポーツセンター、大阪市中央体育館、大阪市立プール、靭庭球場

〈その他〉

大阪市動物管理センター、大阪市立北斎場、大阪市立小林斎場、大阪市立佃斎場、大阪市立鶴見斎場、大阪市立瓜破斎場、大阪市立葬祭場、泉南メモリアルパーク、瓜破霊園、服部霊園 、北霊園、南霊園

④財産管理

「大阪市未利用地活用方針」に基づき処分検討地とされた土等の管理及び処分

の事業に限られています。実際、筆者は一時期、東京の杉並区に住んでいましたが、杉並区には実に多くの杉並区民のための施設が整えられていましたが、それこそが「自治体」と呼ばれるものの基本的な要件です。

マンションで1人暮らしするなら、台所やトイレのみならず、風呂もテレビもポットも自前のものを買うのは当たり前だ、ということと同じなのです。基礎自治体なら、基礎的な施設やサービスは完備しておくものなのです。

にもかかわらず、「都構想」実現後の大阪の特別区は「中核市並み」などと説明されていますが、そうした最低限のものも持たせてもらえず、共同利用する巨大な一部事務組合をつくり、さながら共同でトイレや風呂を使うアパート暮らしのような住まいに押し込められようとしている、と言って差し支えないでしょう。このように考えれば、一体何のために分割するのか——という風に感ずる方も決して少なくないのではないかと思います。

いずれにしても、「都構想」後につくられるであろう一部事務組合は、日本人がこれまで誰も経験したことのないような巨大なものとなる見通しです。

にもかかわらず、「都構想」を強烈に押し進める公党の、その政策についての公式HPの記述にそうした事実が明確に示されず、一部事務組合は「ごく限られた事業」だけを行う小さな存在なのだという印象を与える記述が書かれているということについて——皆様はいかにお感じになりますでしょうか？

——ただしそれはさておくとしても、とにかくいままでは「大阪市役所」という組織の中で、いろんな行政を一体的に進めてみたのですが、それを解体すれば**余分にコストがかかってしまう**ことはほとんど決定的なのです。

つまり大阪市民はこれまで、1つの大阪市役所だけにおカネを払えば、水道や下水やゴミ収集などの仕事を「一括」してやってもらえた訳ですが、これから4つの特別区と、1つのプチ大阪市役所（一部事務組合）におカネを払わないと行けなくなるのですからそうなることも決定的です。

例えば、郵便局はかつて民営化され4つの会社に分割されたのですが、そのせいで、事務処理コストがはねあがってしまったことは、広く知られた事実です（この件については例えば、拙著『**〈凡庸〉という悪魔**』にて詳述しています）。

あるいは、次のように考えると分かりやすいかと思います。

1つ屋根の下で暮らしている4人家族がいたとしましょう。この4人が、今度からバラバラに暮らし、それぞれワンルームマンションに住むようになったとしましょう。そうなると、トイレ、台所、風呂、テレビや洗濯機等、すべてを共同利用していたのですが、これからは、それぞれのワンルームマンションに、トイレ、台所、風呂などをつくらなければならなくなります。それが、「独立」というものですから当たり前です（大阪市解体、4つの特別区の設置、とは、こういう風に解釈することもできるのです）。

そうなると、ものすごく初期投資も、ランニングコストもかかってしまいます。しかし、それでは、今の収入ではまかなえないので、仕方なく、ワンルームマンションの方には、トイレと台所と寝床くらいの必要最小限のものだけ置いておいて、それ以外の風呂やテレビや洗濯機はすべて、昔の家の中においておき、それを4人で共同利用する——ということをせざるを得なくなります。

——お分かりいただけましたでしょうか？

一部事務組合というプチ大阪市役所とは、この「独立後も、経費節減のために、共同利用するためにおいておく、昔の家の一部」というものなのです。

つまり「都構想」というものは、行政の仕組みから考えれば、「4人家族で1つの家に暮らしていた」（現状の大阪市）のに、これからは「4つのワンルームマンション」（特別区）と「1つの共同利用のための家の一部」（一部事務組合）との6つを利用して暮らすようにする、という話なわけです。

もうこうなれば常識的に考えて**サービスレベルが下がってしまうのは必至**です。

仮に近くにワンルームができて便利になったという側面もあるとしても（特別区になって住民サービスがきめ細かにできる、と言われるメリット）、そのワンルームの施設は前の共同で暮らしていた家よりも圧倒的にサービスレベルは低いし、元々住んでいた家（一部事務組合）にもやはりわざわざ、ことあるごとに通わないといけなくなるからです。

無論どうせなら、ワンルームマンションとして立派なもの（例えばそれこそ「中核市レベル」のもの）をつくるのなら良いのですが、それではおカネがかかりすぎます。そんなおカネはどこからも出てきません。だから結局、元々住んでいた家の一部を活用して、皆で「共同利用」するほかなくなるのです（例えば、アパートで共同風呂を使うようなものです）。

しかも、これからは4人は対等の立場なので、その「元々住んでいた家」をどのように管理するのかで**モメにモメることもまた、必至**です。言うまでもありませんが、モメるということは、行政コストが増えるということなのです（そもそも、時間がかかってしまえば、それだけで、行政コストがかかってしまいます）。

つまり、収入（税収）が抜本的に上がるわけでもないままに、1つの組織でやっていたものを6つの組織でやるようになるので、**様々な行政サービスの手続きが「複雑化」**してしまうことは必定なのです。

そして、こうして行政サービスが複雑化し、行政コストが上がると、結果的に**サービス**

水準が低下することが懸念されるわけですが、それと同時に、その行政コストをまかなうために、**様々な料金が値上がり**していく可能性も当然でてきます。

例えば、大阪市の水道局は長い年月をかけて投資してきたおかげで、随分とそのコストが下げられているのですが、「これらが一旦特別区の所管になり、そして、その事業を一部事務組合に委任する」という手続きを踏むことで各種の行政コストが上がってしまえば、水道料金を値上げするという話に、早晩、結びついていくことになるかもしれません。ただし、水道については民営化の議論もありますから、どのようになるのかは先が読めないことは事実ですが、水道事業についての各種の調整が複雑、煩雑になって、運営コストが上がってしまう可能性は当然懸念されるところです。

同じようなことが、表1に記載したあらゆる事業についても想定されることになります。様々な「システム管理」についても、どこまでが特別区が独自にやり、どこまでが、一部事務組合でやるのかも判然としませんが、これまで「大阪市」という1つの自治体が統一的に管理していたものを、バラバラに分割することで、その運営が効率化する見込みよりも、複雑化してしまう見込みの方が圧倒的に高いのは、誰も否定できない事実でしょう。

もちろん一寸先は闇、未来を断定的に論ずることはできませんが、以上の議論を踏まえれば、**いろんな行政の手続きが「三重化」して複雑化**すること、そしてその結果として、

行政サービスが低下し、様々な公共料金が高くなる深刻なリスクが生まれることは決定的なのです。

ましてや、先の章の**「事実４」**でお話した通り、特別区民のために使われるべき2000億円のおカネが、大阪府によって別の項目（大阪府の借金返済や、他の自治体のインフラ整備、まちづくり等）に「流用」されてしまう訳ですから、行政サービス低下と、各種公共料金の値上げという最悪の事態が生ずる可能性は、**ますます決定的**なものだと言うことができるでしょう。

（「真実４」の補足）どんな行政サービスが下がり得るのか？

――以上、様々な具体的な仕組みや資金の流れについてお話しましたが、行政サービスレベルの低下と公共料金の値上げが懸念されるのは、大阪市民が一体的な「自治」をやめてしまえば、当然生ずることなのだ、と説明することもできるでしょう。

「自治」とは、自分たちが自分たちのために、いろいろと問題を抱えながら工夫を重ね、少しずつよい環境をつくり上げていこうとする行為です。そのために、大阪市民はこれまで、市長と議会と役所を設置し、運営してきたのですが、それが解体されれば**「大阪市民の利益」を守ってくれるシステムがなくなってしまう**のです。ですから、そのシステムによって保存されていた様々な行政サービスの水準が、低下してしまうのも当然の帰結だ、と言うこともできるのです。

ここでは特別区に未曾有のサイズの「スーパー一部事務組合」ができあがることで、その共同事業の中身のサービスレベルが下がっていく可能性を指摘しましたが、それに限らず、「自治」が失われ、2000億円の資金がその行政権限と共に大阪府に吸い上げられ、それが他の項目に流用されていく**（事実4）**ことを通して、さらには一部事務組合や特別区という新しい仕組みを運営するために必要コストが使われ、他の予算が圧迫されることを通して、ますます、都区内の行政サービスが下がっていくことが懸念されます。

例えば大阪市には今、所得の低い家庭の子供たちが学校に行くにあたって、一定の援助を行う修学援助制度があります。大阪市のこの仕組みは、大変に幅広く活用されており、子供がいる世帯の半数近くが活用可能な設計となっています。しかし都構想で特別区になれば、十分な財源がなくなり、その基準が厳しくなっていくことが危惧されます。つまり都構想になれば、今まで援助してもらっていた家庭でも、もう援助されなくなってしまうケースが生じるかもしれません。

あるいは大阪市では、豊富な税収に基づいた、中学生までの子供の医療費を無料にするという大変手厚い医療保険制度があったり、高齢者が公共交通を非常に安く利用できる敬老パスが発行されたりしていますが、都構想が実現してしまえば、それらの行政サービスを今の水準で維持していくことができなくなることが真剣に危惧されます。

そもそも「特別区」になれば、大阪府内の他の自治体と大きな差がなくなるわけですから、特別区民だけが、他の府内の自治体よりもよいサービスを受け続けることを正当化する理由はとりたててなくなります。現在なら、大阪市だけが「政令指定都市」だから、優遇されるのだという理由があるのですが——。

もちろん大阪市民の皆さんが、「自分たちだけが特権を持ち続けているのはおかしい！自分たち以外は皆、自分たちよりも低い行政サービスしか受けていないんだから、その苦しみを私たちも分かち合うべきだ！」という趣旨であえて都構想に賛成する、という選択をなさることは十分にありえるものと思います。

しかし住民投票に参加する大阪市民の皆様には是非とも**「都構想が実現し、政令市という保護システムが消滅すれば、自分たちが今受けている行政サービスが大なる可能性で低下していく」**という深刻なデメリット、リスクが存在することは、しっかりと認識いただきたいと思います。

真実5 **「都構想」の実現で、大阪の都心のまちづくりが停滞し、大阪全体が「ダメ」になることは、決定的です。**

以上、様々な事実、そして「真実」を論じてまいりましたが、これらのほとんどが、次のリスクが加速していくであろうことを明確に指し示しています。

すなわち、**大阪の都心（現・大阪市域）が衰弱する**、という深刻なリスクです。

この問題は、今、「大阪を発展させるために大阪都構想を！」というイメージが様々に喧伝されていることを踏まえると、ちょうどその真逆のイメージを提示するものですから、俄（にわか）に信じがたいとお感じの方も多かろうと思います。

しかし、今までの議論を思い起こしてみてください。

先の章で**「事実7」**にて明らかにしたように、東京は別に、都区制度があるから豊かになっているのではないのです。東京が豊かなのは「東京一極集中」こそがその、ほとんどの理由といって良いのです。だから、大阪に「都区制度」を導入したからといって、いきなり発展することなど、考えられないのです。

「都構想」が実現すると二重行政が解消する、そしてそれを通して行政が効率化して、大阪が発展する、というイメージも喧伝されています。しかし、**「真実4」**にて論じたように、そんなメリットを遙かに上回る、**行政上の非効率化**が生じるリスクが濃厚に存在し、かつ、これまで特別区民（大阪市民）のために使われていた２０００億円が、他の事業に流用されていくことになるのです。今まで一体的に行っていた大阪市の行政が、これからは4つの特別区と、日本人がこれまで誰も経験したことのないような巨大な一部事務組合という、6つの行政組織で運用されていくようになるのです。一体的な政府の仕組みを分割しておいて、それが巧く機能するかどうか分からないのであり、それ故、行政が非効率化していくことは決定的だという状況にあるのです。しかも、「特別区」という独立の自治体であるとは言うものの、東京の23区のように、それぞれに基本的な施設が供給される見通しはないし、さらには、今まで投入されていた税金そのものが目減りしていく見通しにある――そんな状況で、幾分かの二重行政が解消するようなことがあっても、大阪市民への行政レベルは下がってしまうことは必定です。

あるいは、今まで大阪市と大阪府が対立して適切な調整ができず、別々に都市開発をしてきたために効果的な都市行政ができなかった、ところが、都構想が実現すれば「ワン大阪」ができあがり、東京都知事が強力な権限で東京を発展させているように、大阪府知事もまた強力な権限を使って大阪を発展させていけるようになるだろう――というイメージも盛んに喧伝されています。

しかし、現実の未来はそんなイメージとは「全く違ったもの」になるのは決定的です。

そもそも、大阪府は東京都と違って、都市人口の割合は低いのは、先の章の**「事実6」**で指摘した通りです。東京23区は東京都の7割の人口を占めていますが、大阪市はたった3割しかいないのです。それだけの人口では、都議会（府議会）での議論で、都心に重点的な投資を行う判断が下され続けていく――とは到底考えられません。

もちろん、「大阪市が貧乏で、大阪府がおカネ持ち」ならば、都構想が実現して大阪市が解体されたとしても、大阪府が大阪市の重要性に鑑み、余っているおカネでもって、大阪市に重点投資をしていく、という未来はあるのかもしれません。

しかし、**現実は完全に逆です。**

大阪市は借金を年々減らしてきている一方で、大阪府は借金を年々増やし続けているのです。そして、**図5**に示すように、2002年時点では、両者の借金の水準はほぼ同じだったのに、それから10年以上の時間が経過した時点では、大阪府の借金は大阪市よりも4割近くも多い水準に至っているのです。しかも、道路も下水道も、その整備水準は大阪市

図5　大阪市と大阪府の債務（借金）の推移

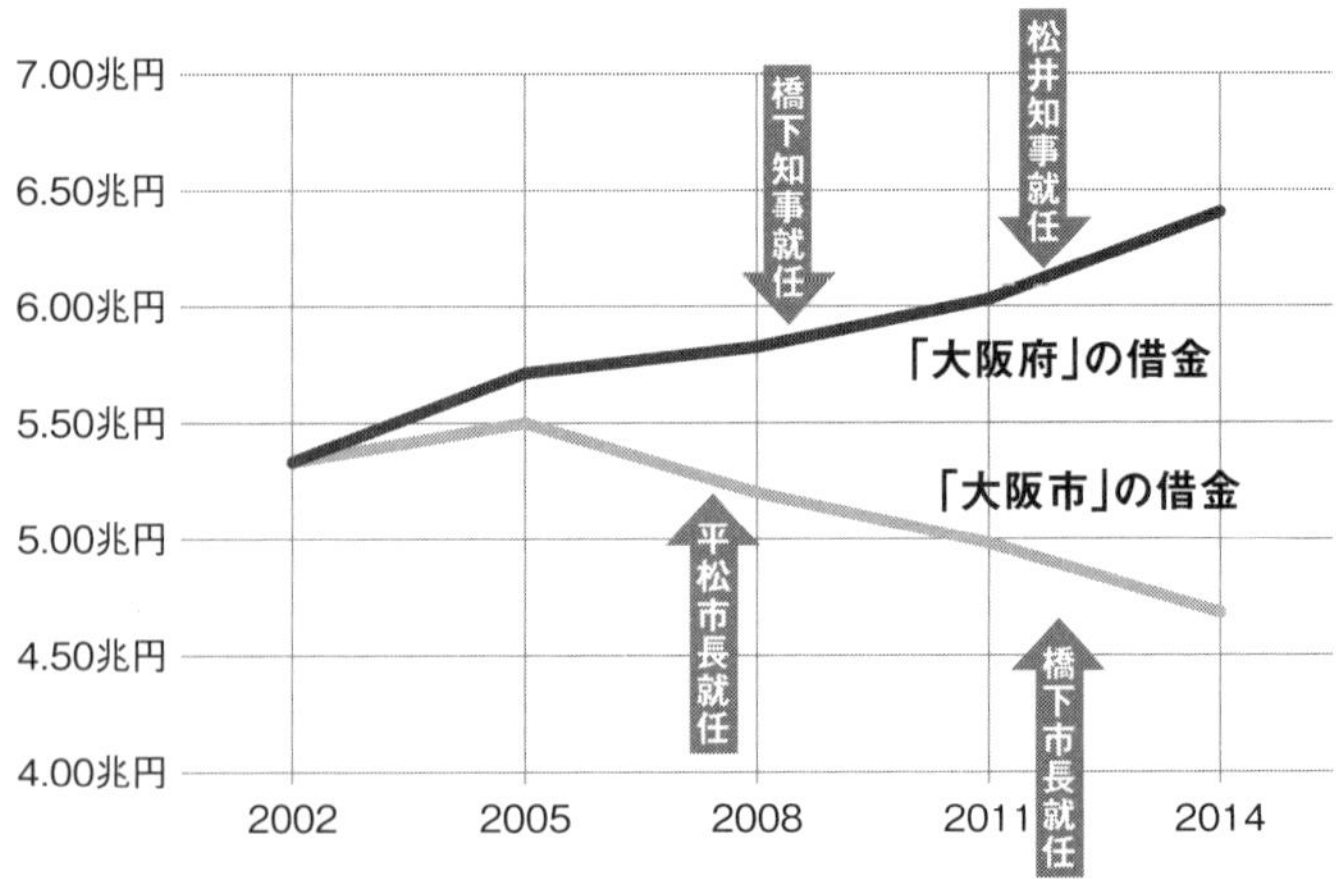

の方が高く、かつ都心に様々な法人を抱える大阪市には他の自治体にはないような豊かな税収もあるのです。

つまり、おカネ持ちでたくさんの資産を持っているのは大阪市で、大阪市以外の大阪府は相対的にいえば「そうではない」のです。そのような状況で、大阪市の都心投資を、大阪府側が重点的に進めていくような未来が、訪れるはずもありません。

せいぜいが、豊かな大阪市の税収を大阪府が吸い上げ、それを上手にロンダリングしながら大阪府の借金の返済や、他の自治体のインフラ整備などに流用していくようになることは、決定的な未来です（それは先の章の**「事実4」**で、そのメカニズムを詳しく論じた通りです）。

要するに、吸収する側の大阪府が吸収される側の大阪市よりも豊かであるなら、大阪市にとってさらに重点投資が差し向けられる等のメリットがあるかもしれませんが、事実は逆である以上、豊かな大阪市の財源が借金の多い大阪府に「むしり取られていく」ことになるであろうことは間違いのない未来なのです。

「むしり取られていく――」

この表現に対して、あまりのドギツさに、違和感を感ずる方も多かろうと思います。しかしこの表現を使ったのは、先にも引用したように、元大阪市長の橋下徹氏だったのです。大阪府知事時代、都構想を実現すべしというスピーチの中で、**「大阪市が持っている権限、力、お金をむしり取る」**（読売新聞　2011年6月30日）と声高に叫んでおられたのです。

――以上、いかがでしょうか？

都構想の設計図である「協定書」を詳しく読む限り、そこで浮かび上がってくる大阪の未来は、決して明るいものではないのです。

大阪府に税収と権限を吸い上げられると同時に、1つの大阪市役所が4つの特別区役所と巨大な一部事務組合に分断され、効果的な行政の遂行が難しくなる――吸い上げられた権限と財源で、大阪市にはきちんとおカネを使うと今は口約束で言われているものの、そのおカネをどう使うかは、未だ道路の下水道もその整備水準の低い地域から選出された府議会議員が大多数を占める「大阪府議会」であり、そのおカネがきちんとすべて大阪市に還元される保証はない。その結果、大阪市内への投資は先細ってしまい、**大阪という街はその都心のコアである大阪市という都市のエンジンを衰弱させていく**――都構想が実現すれば、そういう状況に立ち至ってしまうであろうことは、筆者にとってみれば明白なのであり、これこそ、大阪都構想と呼ばれるものの「真実」なのです。

以上の議論を、より具体的に、制度論も交えつつ、さらに詳しくお話したいと思います。

今、大阪市内では、ミナミやキタ、さらにはアベノやベイエリアなどの開発や都市計画が、一体的に進められています。ハルカスで有名な阿倍野区の再開発、JRの北側の広大な敷地を使った「ウメキタ」（大阪の中心地、梅田の北側のエリア）の開発などです。

これらの開発には大量の民間資金が投入されていますが、大阪市の**豊富な財源**がなければばそれらはいずれも「無理」でした。

そしてそれに加えてもう1つ不可欠だったのが、大阪市という政令指定都市が持っている「都市計画＝まちづくり」に関する**強力な「権限」**でした。

つまり、現在の大阪の繁栄を支える大都市行政を支えたのは、「政令指定都市・大阪市の強力な財源と権限」だったのです。

ところが、都構想が実現すれば、この財源と権限は、「大阪府」に移ることになります。

この点については、例えばこういう意見が存在しています。

「大阪市であろうが大阪府であろうが、大阪のためにエエことしてくれるんやったら、どっちでもええやないか。いままで大阪市にやらせてても、大阪はこんだけ疲弊したんやから、もう大阪市なんか潰してしもたらええやないか。もう、大阪市の権限や財源を守ることだけに固執するんはやめろ！」

しかしこの意見は先の章の**「事実5」**として紹介した、**「特別区の人口比は大阪ではたった3割」**という事実を十分に踏まえた意見だとは言えません。

繰り返しますが都構想が実現すれば、大阪市内の都市計画は大阪府が担うことになるわけですが、その大阪府の意思決定は「知事」と「府議会」によって下されることになります。そして、知事も府議会議員も、現大阪市の人たちからも支持を受けていますが、7割にも及ぶ大阪市以外の大阪府民の人たちからの支持を受けて当選する人たちなのです。

ですから、大阪市会なら「GO」を出していたまちづくり案件でも、大阪府議会なら「NO」という判断が下される、というケースはどうしても増えてくるのです。なぜといって、**大阪市会は「大阪市民の利益のためにある会議体」**である一方、**大阪府議会は「大阪市民のみならず、広く大阪府民全員の利益のためにある会議体」**だからです。そして、大阪市と大阪府の間に利害対立が生ずる案件が様々に存在することは、先の章の**「事実5」**でお話した通りです。

もちろん協調できる案件、協調すべき案件もあるわけですが、利害が対立する案件は当然あるのです。特に、その対立は、大阪市のような「都心部」と（岬町、田尻町、能勢町、豊能町、島本町、忠岡町、大阪狭山市等を含めた）周辺部との間では、当然顕著なものとなるでしょう。

こうした周辺部と都心部とでは全く事情が異なるにもかかわらず、いずれも「大阪府の予算」という同じ財布をつかった行政を、「大阪府」ではやらなければならないわけですから、利害の対立が当然生ずることが危惧されるわけです。

例えば大阪府は、自分自身の借金の返済に頭を悩ませ、大阪市以外の各地域の道路や下水道の整備率の低さに頭を悩ませています。上記のような周辺都市なら、基本的な公共交通サービスや福祉サービス等についても、大阪市よりもより深刻な悩みを抱えているケースも様々に存在しています。だから、大阪市が今考えているような、例えば「ベイエリアの開発」や「ウメキタの2期」等の開発は、大阪府全体の意思決定の中では、**「贅沢すぎるおカネの使い方だ」**と判断され、円滑に進まなくなる可能性も考えられるわけです。

さらに、大阪の都心部（市内）の開発にあたっての**「行政手続き」は、都構想の実現によって確実に煩雑化する**（つまり、**ややこしくなる**）ことになります。

今ならば、政令指定都市である大阪市は自前の審議会を開いて、速いスピードで自前で決めていくことができます。その際、大阪市は多くの案件について、大阪府に1つ1つ「お伺い」を立てる必要はありません。ウメキタ1期や、アベノハルカスなどの開発は、それにあたります。

ところが都構想が実現すれば、そうした都市計画の決定権限は基本的にすべて、「府」に移されることになります。とはいえ、大阪府も特別区の意向を無視することはできませんから、大阪府は当該地区の「区長」や「区議会議員」と様々に調整することが必要になります。そして、場合によっては大阪府の主張と地元の特別区の主張とが、食い違うこととなります。とりわけ、どちらがどれだけのおカネを出すのか、という点については合意がなかなかとれない、ということも想定されます。

つまり、**都構想が実現すれば、合意を形成するのに大変な労力と時間がかかるようになる**リスクが深刻に危惧されるのです。

さらに、複数の計画主体が関与するような案件の場合は、さらに「ややこしい」話になります。

例えば、「御堂筋」は北区と中央区の2つの区にまたがります。もしもその2つの区の意見が違ったら、なかなか計画の内容を決めることができなくなってしまいます。

あるいは、新しい鉄道をつくるとなると「ルート」は決まっていても「駅」をどこにつくるかでもめるでしょう。例えば、梅田となんば地区を南北に繋ぐ「なにわ筋新線」ですが、現在ウメキタ2期開発と連動して、関空へのアクセス鉄道として実現化が検討されていますが、この新線のどこに駅をつくるかが、問題になります。「区」のおカネが十分でなかったり、全体コストを抑えるという都の方針で、中間駅が全くつくられない事態も考えられます。

ところが、現状のままならば、大阪市がルートも駅もどちらも決める権限を持っていますし、区よりも大阪市の方が豊富な財源がありますから、こうした問題は、現状では起こり難いでしょう。もちろん、現状でも様々な問題があることは事実です。しかし、その問題の量と深刻さが、都構想によって加速してしまうことは、火を見るよりも明らかなのです。

つまり、今まで政令指定都市という、大変に大きな権限と財源の双方が保証されていた大阪市があったからこそ、大阪の都心のまちづくり、都市計画が、豊富な財源と簡便な手続きで、様々に進めることができたのです。ところが、都構想が実現し、大阪府と地元の特別区がまちづくりに関わるようになれば、関係者（＝ステークホルダー）が増え、その合意の形成が煩雑になってしまい、様々なまちづくりが、「頓挫」してしまうリスクを抱えることになるのです。

こうして、都構想の実現によって、現大阪市の都心部に投下される財源が縮小していくと同時に、まちづくりの手続き、合意形成プロセスが複雑化し、大阪都心の開発、都市計画は、現在よりも停滞していくことが強く危惧されるという次第なのです。その結果として、先にも述べたようなウメキタ2期やベイエリアの開発が、停滞していく可能性が危惧されるのです。

では、都構想でなければ、都心に投下されていたはずの投資資金はどこに流れていくのかというと――これまで何度も繰り返し指摘したように、大阪市「外」への投資資金や、大阪市民とは直接関係のない府の借金返済や他の自治体の様々な使途に活用されていくことが危惧されます。[9]これは要するに、**大阪市があれば、大阪市民の「自治の力」によって、大阪の中心である大阪市に集中投資が可能であったのが、「都構想」によって大阪市民の自治の力が弱まれば、都心部の豊富な税金が、大阪府全域に薄く広く使われていくようになるのは必定**――となるのです。

もちろん、もしも大阪が東京のように凄まじい一極集中都市であるなら、都心部のおカネを薄く広く大阪府全体に使っても、それでもおつりが来るほどの豊富な税収を得ることができるでしょう。そして、その豊富な税収を使って都心部に集中投資を行い、世界と互角以上に競争できる強力な都市をつくり上げていくことができるでしょう。

しかし残念ながら、大阪の現在の経済規模は、東京ほどに大きなものではないのです。先の章の**「事実7」**で申し上げたように、大阪市のＧＤＰ（経済規模）は、東京23区の25％以下なのです。大阪府全体と東京都全体で比べても38％程度にしか過ぎないのです。

これはつまり、大阪府と東京都では、圧倒的な「税収の格差」が存在することを意味しています。

そもそも、東京都は政府から「最低限の行政サービスを保証するための交付金」が支払われていない「ない」唯一の都道府県です。

それはつまり、余り有る財源があり、政府の助けなど借りずとも、自前で様々なまちづくりを含めた行政サービスを進める強烈な力を持っていることを意味しています。繰り返しますが、東京は首都であり、政治、文化、そして何より「経済」の中心都市なのですから、そうなるのも当然です。

一方で大阪は、他の都道府県よりも裕福ではありますが、それでも、交付金を政府から受けています。つまり大阪は、自分の力だけでは必要最小限の行政サービスを提供する力は持っていないのです。そしてそれは大阪府だけでなく、その都心で最も裕福な大阪市ですら同じなのです。

つまり大阪市もまた、政府からの交付金を受給している、最低限のサービスを提供することができない自治体なのです！

すなわち大阪は、大阪市も含めていずれの自治体も（交付金の受給判定基準から言うなら、いわゆる）「貧しい」自治体なわけです。ただし、大阪市と大阪市以外では、その「貧しさ」

9　ここでは、大阪の都心である「市内」に投下されていたはずの資金が、余所（市外）に投資されていく、ということを指摘しているのであり、既に大阪市が余所にも投資していたかどうかとは無関係の議論です。すなわち、現時点で余所に投資していたとしても、都構想になれば、その投資額が増えていく可能性、つまり、その分「市内」への投資が減少していくことを論じているという次第です。

に格差があり、大阪市はその「貧しさ」はさして問題にはならない程度だけれど、他の自治体はかなり深刻な「貧しさ」を抱えている、という次第です。

ここに、「図5　大阪市と大阪府の債務（借金）の推移」のグラフで示したように、大阪府の借金はうなぎ登りとなっている一方で、大阪市の借金は、平松市政の時点から削減されてきているという事情の背景の一端を見て取ることができるでしょう。

そんな大阪が、そういう「貧しい自治体」であるにもかかわらず、近年衰退してきたとは言え、なぜ、様々な国内外の都市との間の「都市間競争」を戦い抜く力を持っているのかといえば、貧しいながらも、その「エンジン部分」である都心＝大阪市に対して、どうにかこうにか集中的な都市投資を行ってきたからに他なりません。そして、**貧しいながらも、そんな「集中的な都市投資」を可能とさせてきたのが、「大阪市民による自治の力」であり、それを支えた「大阪市という政令指定都市」という行政の仕組みだったのです。**

そんな大阪の姿はちょうど、大企業と戦うある小さな企業が、自らの強みの部門（つまり大阪の都心）に集中投資を行い、どうにかこうにかその大企業と互角に渡り合おうとしてきた姿に比することができるでしょう。

繰り返しますが、政令指定都市の制度があったからこそ、つまり強い大阪市民による自治の力があったからこそ、大阪市の都心で集められた税金を、その都心に集中投下することが可能となったのです。そうした大阪市政１００年以上の歴史を経てつくり上げられてきたのが、ミナミでありキタでありアベノだったのです。

　そして、奈良県出身の当方ですら、

「我が大阪にはミナミあり、東京の渋谷には負けてへん！」

と感じ、

「我が大阪にはキタあり、東京の丸の内がなんぼのもんやねん！」

と思うことができたのです。奈良出身の当方ですらそう感じているのですから、大阪の方々はより強く、そのような思いを持っておられたに違いないのではないかと思います。

　もちろんここまで話が及べば「だから、ワン大阪にしたら、もっと大阪の都心に投資することができるやないか！」という方もおられるかもしれません。

　しかし、行政の現場で何が起こるのか、府議会で何が起こっているのかを、少しだけでも考えてみてください。

　もちろん、多くの人は都心の発展を願うでしょう。でも、自分の暮らしの最低限の福祉が脅かされている状況なら、税金を自分たちのための福祉の予算を削ってでも、遠く離れた「キタ」の投資のために金を使う方が良い、と言える庶民はどれくらいいるのでしょうか？　自分の暮らしを守るための最低限の防災や最低限の道路やバスすらない状況でも構わないから「都心投資」をやろう！　と本当に身銭を切ることができる庶民はどれくらいいるのでしょうか――。

もちろん、構わないという方もおられるでしょう。

しかし、筆者がもしもその立場に立ったとするなら、贅沢な都心投資よりも最低限の子供の教育や自身の医療、福祉、自分の街の小さな街づくりを優先してしまうのではないかと、思うのです――。

そういう筆者の様な方々が大阪府内、そして大阪府議会におられる限りにおいて、**大阪市という政令市を解体すれば、大阪都心への投資は先細っていく**ことは決定的となります。

しかもそれはおカネだけの話ではなく、関係者の多様化で**計画プロセスが煩雑化することでスピード感ある決定が難しくなる**のですから、都心への投資が停滞することは避けがたいこととなるのです。

さらに言うなら**行政の煩雑化によって行政コストが上がってくるわけ**ですから**（真実4）、長期的な投資に回すおカネがますます先細ってしまう**ことになってしまいます。

その結果、東京や名古屋と対抗するために必要な、キタやアベノ、ベイエリアの投資が長期的に停滞し、**大阪は都市間競争に勝ち抜くための「エンジン」を失う**のです――。

そうなれば、**大阪の地盤沈下は決定的**になります。

もちろんそれは、都構想が実現して、1年や2年でそうなる、というものでもありません。

しかし、効果的な投資が滞ることの影響は、5年10年という時間をかけて、確実にその都市の活力を停滞させていきます。そして都構想が実現して10年、15年とたてば、目に見えて、大阪の活力は低下していくことになるでしょう。

つまり、もう二度と後戻りができない**「都構想」を実現し、都心に大阪市民の自治が失われ、政令市という「保護シェルター」がなくなってしまえば、大阪の衰退に拍車がかかり、その地位は大いに凋落（ちょうらく）し、最終的に「ダメな都市」になっていってしまう**ことは決定付けられてしまうのです――。

真実6　「都構想」は、大阪という大切な「日本の宝」の喪失をもたらします。

さて、そんな大阪の凋落は、大阪だけの問題にはとどまりません。

なぜなら大阪は、関西のエンジンであり、西日本の首都だからです。

したがって、都構想によって大阪がダメになってしまえば、関西はエンジンを失い、西日本は中心核を失ってしまうのです。その結果、関西の地盤沈下はさらに深刻化し、西日本全体が衰退していくことになります。

ただでさえ、三大都市圏の中で、人口の減少が最も激しく進行している大阪都市圏が、都構想によってさらに激しく衰退していくことになれば、日本における大阪の地位は、決定的に凋落していくことになるでしょう。

そしてその結果生ずるのは、さらなる東京一極集中です。

大阪は、敗戦直後の昭和25年には、ほぼ東京と同じ程度の都市規模を誇っていたのです。人口比は、東京のおおよそ8割に及んでいました。

ところがそこから大阪は伸び悩みます。

昭和40年代まではどうにかこうにか少しずつ伸びていましたが、それ以降は、総人口に占める人口のシェアは下がっていきます。一方で、東京は着実に人口を増やしていきます。そして、昭和40年以降は、さらに大きく人口を増やしていきます。

その結果、平成17年時点で、大阪圏は、東京圏の5割台の人口となるに至っています。つまり大阪は、「東京と互角に渡り合える大都市」という雰囲気では、今やなくなってしまっているのです。

そんな中で「都構想」が実現してしまい、都心の都市開発の手続きが非効率化すると同時に、都心投資に差し向ける資金そのものが先細ってしまい、大阪都心が衰弱するようになれば**大阪はますます衰退**していくことになります。

そうなれば大阪都市圏から、様々な企業が東京を中心とした他の街への移転が加速化し、それに伴って人口もさらに減少していくことになるでしょう。そうした企業や人の流出は、税収の大幅な低下をもたらしますから、結果的に、都心投資はますます先細っていくことになるでしょう。

こうして大阪が衰退していくと同時に、その大阪のエネルギーを吸い尽くしていくのが首都東京です。つまり、**大阪の衰退は、東京一極集中のさらなる進展に直結**していくのです。

そんな時――**早晩必ず起こる首都直下地震**によって、その唯一の大都市、東京が壊滅すれば、我が国は二度と立ち上がれない程の深刻な被害を受けてしまうことは必定です。

政府は今、首都直下地震は**30年以内に7割の確率**で起こると公式に表明しています。ただし、過去2000年の間に、東日本大震災のような巨大地震が東北で起こったケースだけに限定すると、そうしたケースの4回の内4回とも、10年以内に首都圏での大地震に見舞われている、というのが歴史的実績です。ですから現在は、近い将来に首都直下地震が起こったとしても何ら不思議ではない状況にあるのです。

そんな状況の中、筆者は今、政府の中で、一学者として、首都直下地震が起こった時東京はどうなってしまうのか、そしてそれを通して日本の政治や経済がどうなってしまうのか――そういう問題を、2年以上にわたって検討してまいりました（例えば、『**巨大地震〈メガクエイク〉Xデー**』（光文社・藤井聡著）などをご参照ください。）。

そんな検討の結果明らかになってきたのが、首都直下地震が起これば、今のままでは日本経済は完全に麻痺状態に陥るであろうという、**最悪の悪夢**でした。

湾岸沿いのコンビナートはすべて破壊され、それを通して、首都圏の発電所を含めたエネルギー施設はあらかた破壊され、首都圏の基本的な産業活動はすべて停止状態に陥ります。その結果、これだけ複雑に絡み合った産業構造をつくり上げた現代日本の経済産業は、とてつもない被害を受けることになります。そしてその被害は、日本経済の東京への一極集中依存度が高ければ高いほどに、加速度的に巨大化していくのです――。

だからこそ、「都構想」の実現といえば、広い日本からみれば大阪市という1つの小さな自治体が解体されるだけの話ではありますが、それを通して大阪が衰退し、関西と西日本の核が溶解し、結果として東京一極集中が加速化してしまえば、「日本沈没」とも言いうる程の巨大被害を、早晩訪れる首都直下地震によって我が国が受けてしまうことにならざるを得ないのではないか――と考えられるのです。

――筆者にとって、つまり、都市計画と国土計画をはじめとした様々な公共政策の研究と実務に従事してきた筆者にとって、「都構想」の設計図である「協定書」を中心とした各種資料を精読した上で、当方の脳裏にアリアリと映し出されたのが、以上の未来なのです。

それは、文字通り、**大阪、そして日本にとっての最悪の悪夢**です。

そして、この**「都構想という悪夢」**を、その合理的、理性的な理由と共に、大阪の方々、日本の皆さんにご理解いただきたい――否、**ご理解いただかなければならない**――と確信したことが、本書執筆の最大の動機です。

つまり、大阪、関西のみならず、わたしたちの国日本を守るためにも、日本の大切な宝「大阪」を、「都構想」なる「大阪市廃止・分割構想」によって衰弱させ、凋落させ、ダメにさせてはならないのです。

もちろん、そういえば、大げさだと感ずる方もおられるかもしれません。

しかし、大阪という街は、それほどまでに日本にとって大切なものなのです。

――是非とも、1人でも多くの大阪の方々、そして国民の皆さんに、筆者が堅く確信するこの『「都構想」は、大阪という大切な「日本の宝」の喪失をもたらす』という「真実」を、ご理解いただきますことを、心から祈念したいと思います。

真実7 「大阪の発展」に必要なのは、「改革」でなく「プロジェクト」である。

大阪都構想の設計図である「協定書」は、大阪市を解体し、その上で今、大阪市がやっている仕事や財産を、大阪府に引き継ぐ分と、全く新しくつくる「特別区」という自治体に引き継ぐ分とに「仕分け」ていく設計図でした。

それはとにかく、100年以上の歴史のある、大阪市の仕組みをすべてご破算にして、全くあたらしい仕組みに移し替えていくという、過激な「行政改革」です。それはいわば、人体から心臓を摘出して、全く別の概念で設計された心臓を埋め込むような大手術に例えられるかもしれません。もしそうだとするなら、それが、人体にとって良いのだという学者が仮にいたとしても、誰が考えても、それがその人の健康に役立つことなどあり得るはずがない、ということになるでしょう。

多くの大阪の人々は今、大阪が地盤沈下しつつある現状に苛立ち、何か、抜本的に新しく、刺激的な「改革」を求めています。そして、そんな「改革を望む気分」に、今回の「都構想」は大いに応えるものだと言えるでしょう。

だから、多くの大阪の方々は、「都構想」に少々のデメリットやリスクがあろうとも、大きく変えることが、自分たちの暮らしの活路を見いだす「起爆剤」になるのではないかと――漠然と考えているのではないかと思います。

しかし、少し落ち着いて、その「都構想」なるものの、「イメージ」ではなく、真実の姿を、冷静に、みてみましょう。

今からお話する内容は、俄に信じ難いことも含まれているかもしれません。しかしそれはあくまでも、「報道事実」とこれまでに論じてきた様々な「事実」「真実」を引用しつつお話するものです。是非、ご一読願えますと幸いです。

「二重行政」の「解消効果額」は、どのように変遷していったのか

都構想は、**「二重行政の解消」**のために必要だと言われています。

例えば、都構想が主張されはじめた当初は、都構想が実現すれば二重行政が解消し、**年間4000億円の財源**が浮いてくる、それが最低ラインだと主張されていました（2010年10月）[10]。ところが、大阪府市が取り組んだ13年8月の制度設計案では**976億円**に激減。日経新聞にも、『「年4000億円」目標に遠く及ばず』と報道されます[11]。ただし、その数字の中にも、「二重行政解消」とは無関係の項目（地下鉄の民営化や市独自で実施している市民サービス削減）が含まれている旨も、同じ記事の中で報道されています[12]。

なぜそんなに大きく効果が減ってしまったのか、しかも、都構想とは関係の薄い項目までなぜ入れた数字が公表されたのか——この点について13年8月10日の毎日新聞にて、

次のように報道されています。

『**「もっとしっかり効果額を積み上げてほしい」**。府市関係者によると、橋下市長は先月、都構想の制度設計を担う大都市局の職員らに号令をかけた。橋下市長や松井一郎知事は就任当初、都構想で年間4000億円の財政効果を生み出すとの目標を打ち出したが、構想が具体化すればするほど、**思ったような効果が見えてこない。一部の職員らは疑問を感じながら**も、市民サービスを廃止・縮小した市政改革プラン（237億円）や、市営地下鉄の民営化（275億円）、ごみ収集の民営化（79億円）などを効果額に加えていったという。[13]』

---

10 『「出直し」大阪市長選　破綻「都」構想掲げ橋下氏の〝自作自演〟』（2014年3月10日赤旗）にて、2010年12月の松井一郎維新の会幹事長発言と報道。なお、この記事には、4000億円と言われる前に、二重行政解消で8000億円の財源が浮いてくる、という数字を松井幹事長が発言していた旨も報道されています。

11 『「大阪都」の節約効果、最大976億円　府市が試算「年4000億円」目標に遠く及ばず』（2013年8月9日　日本経済新聞）

12 同日経記事で「都構想とは別に取り組む市営地下鉄の民営化による効果約275億円や、市単独で実施している市民サービス削減などの効果237億円も含めたとしている」と報道されています。

13 『大阪都構想、制度設計案　財政効果かき集め　市政改革・民営化、「まやかし」批判も』（2013年8月10日毎日新聞大阪朝刊）

つまり、当初主張していた４０００億円に近づけ、できるだけその効果が大きく見えるように、『財政効果かき集め』（同記事より引用）たという報道です。そしてその態度について『「まやかし」批判も』（同記事より引用）出たと報道されたという次第です。

そしてさらにその後、都構想の中身が変わるに伴い、府市が算出する効果額も縮小されていきます。そして、２０１４年6月7日の府市の行政的試算では、当初の実に20分の１以下にしか過ぎない**年間平均１５５億円**[14]（**17年累計で２６３４億円**）にまで縮小していました。[15]

ただし、この１５５億円にも、市営地下鉄の民営化などの「都構想の実現とは関係のない項目」も加えられており、それらを差し引くと、**年間約１億円**にしか過ぎない、ということも、市議会で指摘されるに至っています。[16] これに対して、橋下元市長は、「多様な計算の仕方がある」という趣旨も発言を議会にて行い、必ずしもこの「年間たった1億円の効果しかない」という「事実」が明確に議論にはなっていない様子が報道記事から窺えます。

このように、４０００億円と言われた効果額が、具体的な計算とそれに対する批判が繰り返される内に、徐々に減少し、府市が主張する金額ですら25分の1の１５５億にまで縮小し、かつ、議会答弁を通してさらにそれが縮小し、実に４０００分の1の1億円にまで縮小していったのです。
もうこれだけ「都構想による効果額」なるものが激しく変えられるのを目の当たりにすれば、今、「効果があるのかどうか？」ということそのものについても、その信憑性が大きく揺らいでくるのではないかと思われます。
実際、この数字についてもまだまだ怪しいのではないか、初期投資などを考えれば黒字どころか「赤字」になるのではないか、ということも指摘されています。平成26年10月17日の府議会では、都構想とは必ずしも関係のない項目を除外し、かつ特別区設置のための「初期投資費用」を考えれば、**年間平均13億円の「赤字」が産み出されてしまう**のではないかとも指摘されています。[17]
このように、「都構想による二重行政の解消」は、当初、大きな財政効果が生まれる、と言われていたのですが、その後の様々に指摘されるにしたがって、その効果額は20分の

14 これは、17年累計で2634億円といわれているものを単純平均した数字です。
15 『大阪都構想：17年間で226億円赤字　自民・花谷議員が試算――府議会委／大阪』（2014年10月17日　毎日新聞）
16 『都構想協定書巡り対決　大阪市議会、公明・自民と橋下市長』（2014年10月23日　日本経済新聞）
17 上記毎日新聞記事（2014年10月17日付け）より。17年累計で226億円といわれているものを単純平均した数字。

1以下にまで縮小されていき、挙げ句の果てには、400分の1、さらには都構想で黒字が産み出されるのではなく「赤字」が産み出されるのではないか――という指摘されるまでになってきているのが**現状なのです**。

それはちょうど、民主党が、マニフェストを実行するための予算を「事業仕分け」で産み出すのだと躍起になっていた姿と重ねられるかもしれません。民主党は政権就任前は無駄な部分から「20兆円」を捻出すると言っていましたが、実際に政権をとって事業仕分けを行ったところ、その当初の目論見の約12分の1の「1・7兆円」の削減に留まったのでした。そして、民主党は、そうした「約束違反」（しばしば、**詐欺フェスト**とまで言われていました）を繰り返していく内に、国民の支持を失い、政権の座を追われることになったのは、ご記憶の方も多かろうと思います。

いずれにしても、このように「効果額」を大きく喧伝することは徐々に難しくなっていったのですが、それに呼応するように橋下元大阪市長の発言も変遷していくことになります。

2014年3月には、当時算定されていた1375億円の効果額を指し示しながら、

「これが都構想のすべてといっても過言ではありません」

と発言しておられました。つまり、都構想の根幹にあるのは二重行政の解消を通した、

行政の効率化だ、と示唆しておられたのです。

ところが、その4ヶ月後の2014年7月には、

「僕の価値観は、財政効果に置いていていない」

と、全く逆のことを発言しておいでです。こうした矛盾したご発言の真意は図りかねるところでありますが、効果額が厳しい査定等をへて縮小していったことと関連する可能性は十分考えられるところでしょう。

――以上、いかがでしょうか？

以上は過去の報道経緯を簡単にご紹介したに過ぎませんが、これを知った上でもなお、「二重行政には財政効果があるのです」という説明を**確信をもって信用できる方**は、一体、どれくらいおられるのか――無論そのご判断は、読者各位にお任せしたいと思います。

都構想で「トータルとしての行政の効率性」がどうなるか考えてみよう。

次に、「都構想」で「トータルとしての行政の効率性」がどうなるか考えてみましょう。

「都構想」が実現すれば、大阪市が4つの特別区と、共同事業を行う「一部事務組合」な

るものに分割されます。そうなれば、新しくできた4つの特別区や一部事務組合の事務所を運用しなければならなくなります。**その初期費用だけでも、600億円から800億円かかるとも試算**されています（これを含めると、17年間で226億円の「赤字」になるだろう、ということは、先に示した通りです）。そして、その**ランニングコストについても**、これまでは1つの大阪市役所が、4つに分けられ、かつ、一部事務組合ができるわけですから、**今よりも余計に高くついてしまう**ことも危惧されます。

しかも、都構想が実現すれば、今まで大阪市だけでやっていた多くの仕事が**「一部事務組合と特別区」という「二重」の構造**が生まれてしまいます。これもまた、**大きな行政コスト**の増加をもたらします**（真実4）**。

さらには、2000億円の財源と権限が大阪府に吸い上げられ、大阪市とは必ずしも関係のない所にロンダリングをへて「流用」されていくようになれば、早晩、**大阪市民に対する行政サービスは低下**してしまうことになります**（事実4）**。

もちろん、大阪市を解体し、弱体させることができれば、大阪府単体で様々な調整が可能となりますから、いわゆる「二重行政の解消」には都構想の方が有利であるとは思いますが、そのためには、上記のような実に様々な「追加コスト」を市民は支払わなければならなくなるのです。

そもそも、「二重行政」の解消は、必ずしも都構想を実現せずとも、府市が協調すれば、「減らす」ことは決して不可能ではない訳ですから、何も様々なリスクをはらんだ「都構想」という方法を使わずとも、現状の仕組みを改善、改良することを通して、府市の協議をより強力にしていくという道を選ぶ方が、トータルとして大阪の人々にとって有益であろうことは決定的なのではないかと、筆者は考えます。

そもそも、二重行政の象徴のようにかつて言われていた、大阪市立図書館と府立図書館は、よくよく考えてみれば両方ともたくさんの利用者がいるのであり、結局双方とも存続することに決まりました。つまり、それは無駄な二重ではなく、**必要な二重**だった、というわけです。同じことが、府立と市立の体育館にもあてはまり、結局は存続することになりました。これもやはり、**必要な二重の行政**だったのです。そういった点を踏まえるなら、二重行政の解消にあまりに躍起になるのは、**「猪突猛進」「木を見て森を見ず」**の、誤った判断をもたらすに違いなかろうと、筆者は考えます。

さらに――この「都構想」による二重行政の解消を、という主張の是非を考えるにあたって、決定的な法改正が、2014年に行われています。

大阪市、大阪府といった地方行政のやり方の根本はすべて、「地方自治法」という法律に書かれているのですが、かつては、「二重行政問題」に対処するための仕組みは、この自治法の中には書かれていませんでした。しかし、この大阪での議論を契機に、二重行政問題が国会でも取り上げられ、それを解消するための「強力な仕組み」が、自治法の改正を通してつくられることになったのです。

すなわち、政令指定市である大阪市と広域行政を担う大阪府が、二重行政等の様々な問題について「調整」するための会議をつくることが義務付けられたのです（指定都市都道府県調整会議と言うものです）。

これだけでも、二重行政解消に向けて大きな意味を持ちますが、今回の法改正は、それだけにとどまりません。もしも、この調整会議で「物別れ」に終わり、決着が付かなければ、不服を持つ側（市あるいは府県側）が、地方自治を中央政府で取り仕切る「総務大臣」に、「勧告」を出すように申し立てることが可能となったのです。

これはつまり、二重行政問題で調整がつかなければ、最終的に総務大臣に下駄を預けて、最終調整をお願いすることが可能となった訳です。

この二段構えの仕組みは、二重行政解消にあたって決定的に強力な仕組みとなり得るものと期待できます。その具体的仕組みは、今まさにその詳細が議論されているところですが、この法改正を受けて、二重行政問題に取り組んできた学者たちの間からは**「都構想は、この法改正で法律的にいって風前の灯火になった」**というささやきも聞こえてくる状況となっています。

以上を考えれば、仮に二重行政が問題であったとしても、本書で様々に論じた数々のデメリットやリスクを抱えた「都構想」を実現せずとも、新しく改正された自治法で規定された仕組みを使って粛々と調整を図れば、都構想の実現という「超絶なリスク」を冒さずとも、二重行政を解消していくことが可能となっているのです。

つまり、既に、都構想が提案された当初と、自治法が改正された今日とでは、状況は全くもって変わってしまっているのです。つまり、今や、都構想を実現する強力な論拠であった「二重行政の解消」は、都構想を推進する強力な論拠にはなり得ないのです。

「ニアイズベター」や「ワン大阪」について

「大阪市が4つの特別区に分割されることで、市民に役所が近くなる」ともしばしば言われています。これは、「ニアイズベター」の考え方として、しばしば主張されています。

そういう「側面」があることは事実だと思います。

しかし、今まで、自分たちにとっての最高リーダーだった大阪市長がいなくなり、今度の最高リーダーは大阪府知事になるのですから、「リーダーと市民の距離は遠くなった」

とも言えるのではないかと思います。

さらに、今までは24の行政区があったのに、都構想が実現すれば、それらが4つに統合されてしまうのですから、かえって、区役所が「遠くなる」と感ずるケースも出てくることは避けられないでしょう。

つまり、必ずしも「都構想で、役所が近くなる」とは言えないのです。

あるいは、**「ワン大阪になって、今まで大阪市民だけが支えてきた大阪の都心を、広く大阪府民で支えます」**ともしばしば言われています。

しかし、大阪市と大阪府の財政状況や、基本的なインフラの整備水準を見比べてみれば、大阪市以外の**大阪府には、大阪市を支えるために拠出できる資金的な余裕はありません**。

折りしも、大阪府は大阪市の約1・4倍の借金を抱えているのです。しかも、様々なインフラを含めた基礎的な行政サービスの必要性が高いのは、大阪市ではなく大阪市以外の大阪府内の各自治体なのです。そして何より、豊富な税収を持っているのは、大阪市であり、大阪市外の大阪府ではないのです。

普通、「裕福で満ち足りたAさん」と、「裕福でなくて満ち足りていないBさん」とが一緒になれば、金銭的な側面でBさんはAさんを支えることができるでしょうか？　大なる可能性で（というよりも決定的確率で）Aさんのおカネでさんを支えることになるのではないでしょうか――?

以上、いかがでしょうか?

今、「都構想」について様々なイメージが言われていますが、その設計図たる「協定書」をじっくりみてみると、それとは全く違う「真実の姿」が浮かび上がってくるのです。その真実の姿とは、疲弊しつつある大阪が、「都構想」によってますます決定的に凋落し、ダメになっていくという姿なのです。

今回の住民投票で問われているのは、「大阪都構想というイメージに対する賛否」なのではありません。今、大阪市民が法律的に問われているのは、**大阪都構想についての設計図である「協定書」についての賛否なのです。**

ですから、仮に「大阪都構想」というイメージに賛成している方でも、しっかりと本書で解説した「協定書の中身」をじっくりと理解し、その設計図に疑問があるのなら、決然と「No」の投票をしなければならないはずなのです。

責任ある投票をするのなら、都構想のイメージに賛成し、かつ、その設計図である「協定書」の中身にも賛成した場合においてのみ「Ｙｅｓ」の賛成をしなければならないのです。そうでなければ、その住民投票の判断は、必ずや、将来に巨大な禍根を残すことになるでしょう。

ではもしも、今回の協定書で描写された都構想で大阪を復活させることができないのだとするなら、もう私たちには、大阪を発展させることは不可能だ、ということになるのでしょうか？

否。断じて、そんなことはありません。
大阪を復活させる方法は、確実にあります。

今、大阪が持っている力のすべてを投入し、周辺都市、西日本の各地、そして中央政府とも連携し、大阪を爆発的に発展させる具体的プロジェクトを大規模に展開していくことができれば、**大阪は確実に爆発的に成長することになります。**

つまり、**強く、強靭で、豊かな大阪をつくり上げることが、可能**なのです。

そして、その強靭で豊かな大阪が、西日本を救い、日本を救う力を発揮することになるのです。

筆者はその構想の断片を、一学者として、全国知事会に提案し、国会で主張し、そして政府関係者に提案し続けてきました。本書ではそうした筆者の大阪復活の構想を

「大大阪」構想

と呼称し、その全容を描写したいと思います。

もちろん、それを信じるか否かの判断はすべて、読者各位に委ねたいと思います。

その詳細を論じた本書第四章を是非、ご一読いただいた上で、大阪、そして日本の未来にとって**二重行政の解消を主要な目的においた「大阪都構想」が望ましいのか、それとも、数々の具体的プロジェクトを様々な関係者との連携の下で徹底的に推し進め、強靭で豊か**

な大阪をつくり上げんとする「大大阪構想」が望ましいのか、しっかりとご吟味願いたいと思います。

第四章

「大大阪」が日本を救う

大大阪の繁栄と、今日の大阪凋落

今、大阪は、大変に疲弊をしています。筆者が幼少の頃、大阪といえば、東の東京に匹敵する、日本の経済の中心の街、すなわち「商都」でした。

それは、明治政府が首都をどこにするかを決める際、政治の中心である「首都」東京に加えて、文化の首都である**「古都」**京都、そして、大阪を商い、経済の中心である**「商都」**として定めてはどうかと議論されていたのです。こうした構想は当時「三都構想」と呼ばれ、広い意味での「首都」の一部を担う街として、大阪が認識されていたのです。

そしてその名残は、明治、大正、昭和へと引き継がれていきます。首都はもちろん東京でしたが、大正時代、大阪は**「大大阪」**と呼ばれ、文字通り東の東京に匹敵する経済力を誇る街でした。

一方で古都・京都には、陛下がお泊まりになる「大宮御所」が設置され、迎賓館や国際会議場が国費でつくられていきます。そして昭和時代には商都・大阪には、70年の万国博覧会が開催され、世界中の注目を集めます。

このように、大阪は、明治、大正、昭和と大きく発展していったのです。

図6　東京圏と大阪圏の、全人口に占めるシェアの推移

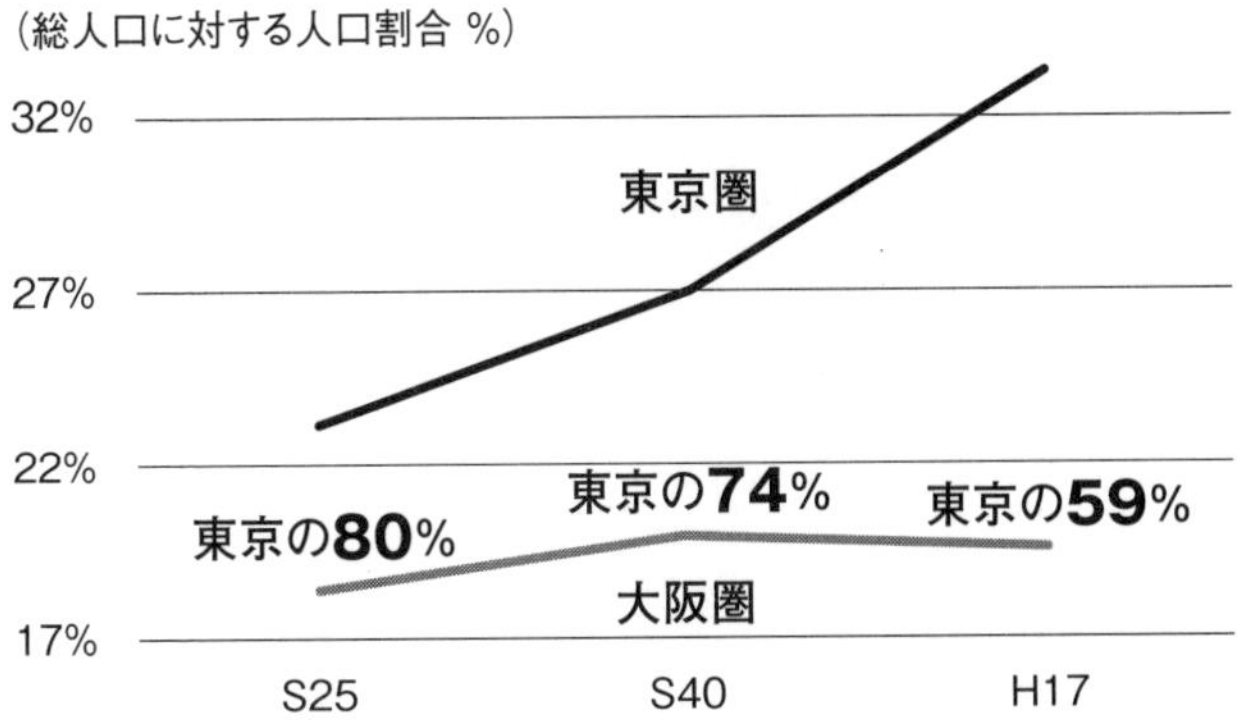

図6をご覧ください。

先にも紹介しましたが、終戦直後は、東京の8割の人口規模を誇るのが、大阪の街でした。それは、筆者が生まれた昭和40年代でも、それほど変わりませんでした。

ところが、それ以降、大阪の成長はぴたりと止まり、衰退していくのです。一方で、東京はうなぎ登りに成長していくのです。

かつては、日本のトップ100企業の過半数が大阪に本社を置いていました。しかし、近年、東京への一極集中が加速化する中、大阪から東京へとほとんどの大企業がその本社を移していきました。そして今は、一部上場企業の、実に9割近く（2012年時点で86％）が東京に本社を置くに至っています。

そして、法人税収もかつては8000億円

以上あったところ（平成元年）、今や2700億円程度にまで凋落してしまいました。人口規模で言うなら、図6に示したように、今日では大阪の街は、東京の街と匹敵するとは言いがたい、半分程度の規模しかない街に成り下がってしまったのです。

「大大阪」構想：オールジャパンで日本の宝・大阪を繁栄させ、強靭な日本をつくる。

筆者は、こうした大阪の疲弊と東西格差の拡大を食い止め、大阪を爆発的に発展させる構想を持っています。

その基本的な構想は次のようなものです。

「大大阪」構想

「大大阪」構想とは、大阪を京阪神、関西のみならず**「西日本の中心都市」**に仕立て上げる構想。その構想の下、**京阪神、関西、西日本と中央政府と強力な連携**を図りながら、大阪を中心とした大阪圏をさらに拡大した**大大阪圏**をつくり上げる。

そのために、関西の周辺地域である**北陸、四国、山陰地域と、その中心都市・大阪とを高速鉄道（新幹線）で結びつけ、そのネットワークに海外の玄関口・関西空港も**

接続させると同時に、**京阪神の三都で連携しながら都心まちづくりを強力に推し進める**。当然ながら、来たるべき南海トラフ巨大地震をはじめとした**各種災害対策も効率的・効果的に推進**する。

こうして大阪、関西、西日本の発展を導くことで、巨大地震の危機にさらされた首都圏の各種企業、都市・政府機能を**徹底的に大大阪圏に誘致**する。これを通して、大大阪圏の創生をもたらすと同時に、国家全体の強靭性を抜本的に向上させ、**日本全体の経済成長を東京と共に牽引**し、日本国家の国際競争力を抜本的に強化していく。

こうして、**大阪、京阪神、関西、西日本の爆発的発展**をもたらすだけでなく、成長戦略、国土強靭化、地方創生といった中央政府の方針に強力に貢献していくのが、大大阪構想。

この構想を大阪、関西、西日本と中央の力をすべて結集して具体的に実現するための**「大大阪形成促進基本法」**を国会の審議を経て制定し、10年程度の集中推進期間を通して、着実にその構想を実現させる。

以上、いかがでしょうか？

ご覧のように、この大大阪構想の重要な基本的理念は、

「大大阪」構想の基本理念

大阪がリーダーとなって、**周辺都市（京阪神・関西）、周辺地域（四国、北陸、山陽、山陰）、そして、中央政府・国会と徹底的に連携しつつ、日本の宝・大阪をオール関西、オールジャパンで支え、発展させ、関西を再生し、豊かな西日本を築き、強い日本をつくる。**

というものです。

この基本理念が、「ワン大阪」という、大阪の内側だけを見据えた、**「内向きのコンセプト」**である「大阪都構想」との理念上の最大の相違点です。

「ワン大阪」には、

内向きの「改革」に力点をおく一方、
京阪神が連携する具体的戦略も、
大阪が関西の核（コア）となり、西日本の中心都市になる具体的戦略もありません。

しかし、**「大大阪構想」**では、
京阪神と連携し、
関西の核（コア）としての責任感と、
西日本の中心都市である自負を持ち、
日本の宝・大阪を守り、繁栄させ、
それを通して日本全体の成長を牽引するという「ビジョンと具体的戦略」を提示します。

大阪は今、**2025年の万博**を前提としつつ、オール関西、オールジャパンの「大大阪」のプロジェクトで次のステージを目指すのです。
そしてこの理念の下、次の具体的な大大阪・四大プロジェクトの推進を図ります。

大大阪・四大プロジェクト

(プロジェクト1)「リニア大阪名古屋同時開業」プロジェクト
(プロジェクト2)「北陸・関空・四国縦貫新幹線」プロジェクト
(プロジェクト3)「友ヶ島」プロジェクト
(プロジェクト4)「大大阪」コア整備プロジェクト

——もちろん、本書の執筆段階では、この構想は単なる筆者の構想、大風呂敷にしか過ぎません。

しかし、あらゆる具体的プロジェクトが、その出発点では単なる構想にしか過ぎないものである以上、この**「大大阪」もまた、その「大風呂敷」を声高に叫ぶところから始めなければなりません**。

そして、これまで様々な都市計画や国土計画、公共計画の実務支援を行ってきた筆者の経験に照らし合わせて見れば、この「大大阪」構想は、**断じて「絵に描いた餅」ではありません**。「大阪、関西、西日本と中央の力をすべて結集」することが政治的に決断できさえすれば、技術的にも財源的にも**確実に実現可能**です。

ついては本書を締めくくる本章では、この筆者が構想する「大大阪構想」の基本的な考え方と、その概要を描写したいと思います。

なぜ、大阪の街は凋落し、東京だけが成長していったのか？

この大大阪のお話をするにあたってはやはり、次の問いかけに対して、真面目に考えるところから始めなければなりません。

「なぜ、これ程までに大阪は凋落したのか？」

関西で生まれ育ち、大阪の発展を長年夢見続けてきた筆者は、大人になり学者になってからもずっと、この問題について頭を悩まして参りました。

もちろん、最初に上げられる理由は、東京が「政治の中枢だから」というものです。ありとあらゆる政治の中枢機能が、東京に集められているから、経済も文化も、東京が中心となっていかざるを得ない、だから、大阪から大企業の本社をはじめとしたあらゆるものが、東京に吸い取られていったのだ、というものです。

しかし、世界の政治上の「首都」が、そこまで一極集中しているかと言えば、決してそ

図7　主要先進国の首都の人口シェアの推移。
東京だけが一極集中が進行している。

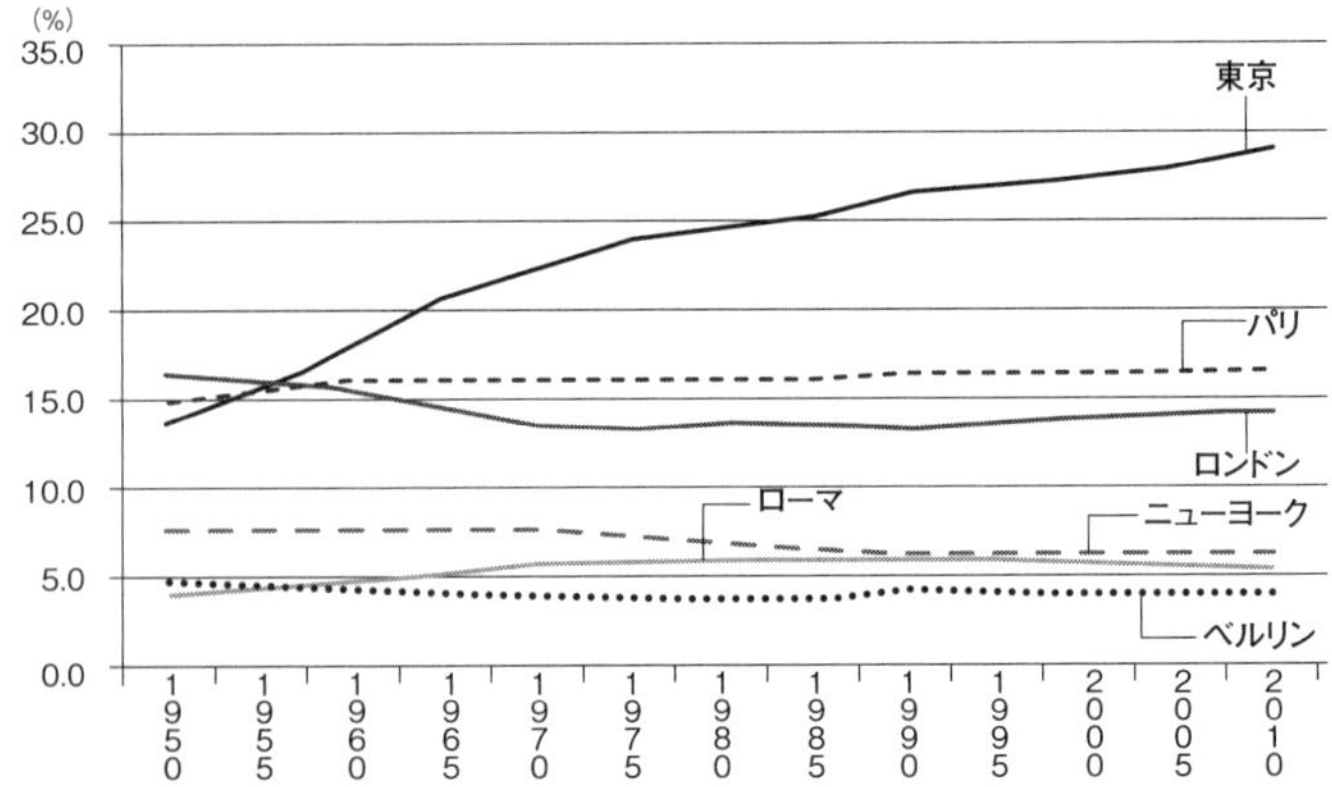

「2040年地方消滅。「極点社会」が到来する」（中央公論2013年12月号、増田寛也＋人口減少問題研究会）より

うではないのです。

図7をご覧ください。過去60年の間、ご覧のように東京は、日本中の人口をかき集め着実に一極集中が進行してきました。

しかし、それ以外の主要先進国の首都においては、そんな一極集中現象は見られなかったのです。パリもロンドンもニューヨークもローマもベルリンも皆、そんな一極集中など起きていないのです。

それを考えますと、「政治の中枢が東京にあるから」ということだけが、東京一極集中の原因であるとは到底考えられません。

では一体、何が東京一極集中をもたら

したのでしょうか？
この問題意識をずっと持ちながら、様々なデータや関連事実を20年以上にわたって見聞きしてきた当方が、

「なるほど、こんな状況を放置していたら、大阪が凋落し東京一極集中が進むのも当然だ」

と感じた一群のデータがありました。

それは**「新幹線」が、各都市の発展に与えてきたインパクトについてのデータ**でした。

そのデータの詳細は、拙著『新幹線とナショナリズム』にて詳しく論じましたので、ここでは概要を紹介するに止めますが、要するに、図8に示しますように、札幌という特殊な都市を1つ除くと、[18] **現代の大都市（政令指定都市）はすべて、「新幹線」が通る都市圏に**

18 道州制を導入した北海道の札幌だけが例外です。札幌という大都市は、「道州制」を導入し、極めて広いエリアで唯一の「県庁所在地」になったことから、北海道全域の人口と経済を集中する結果となり、大都市になったのです。

図8　平成22年時点の政令指定都市と新幹線ネットワーク

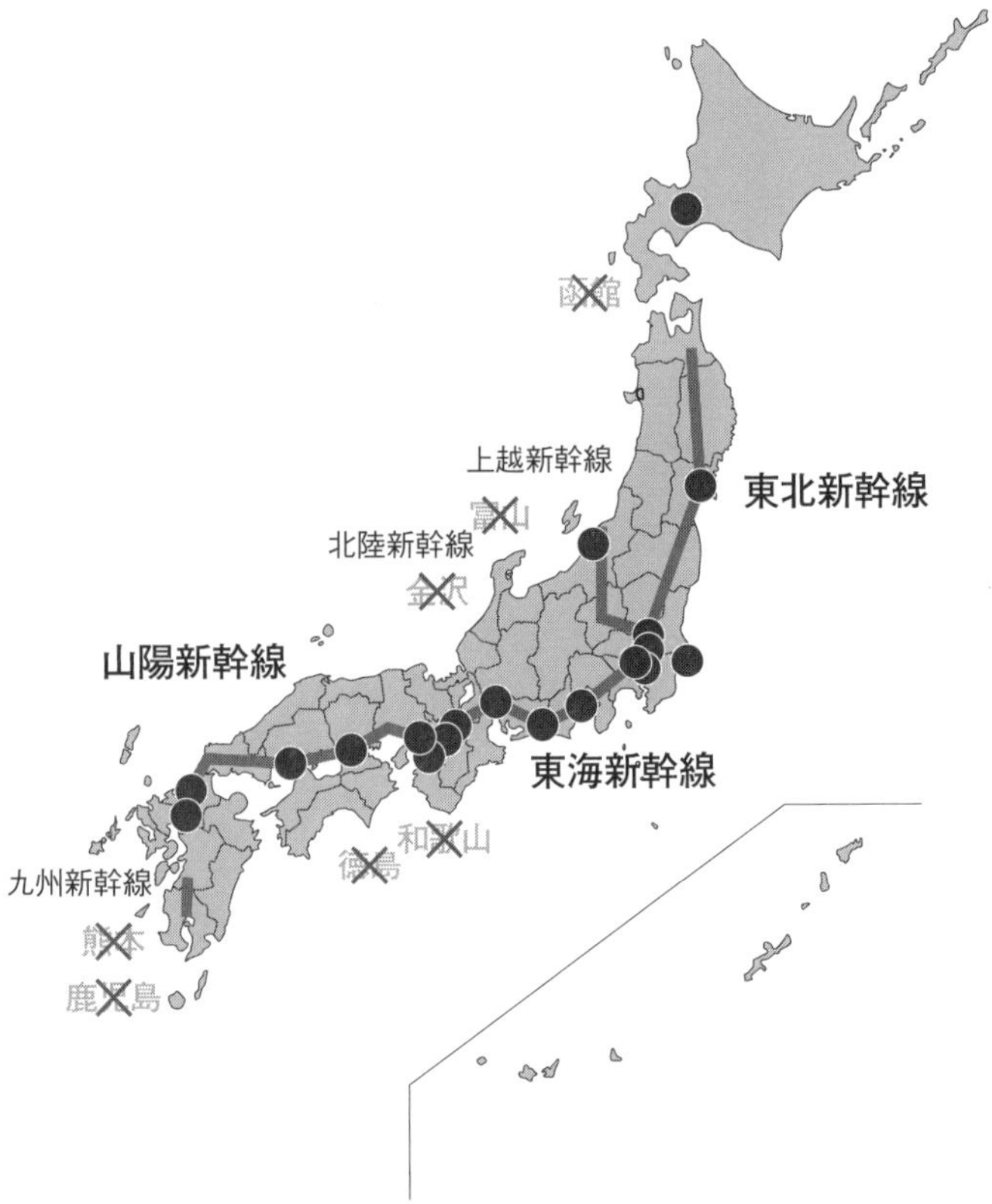

（×がついた町は，明治期にベスト人口１５都市に含まれていたものの，平成２２年時点で政令指定都市でなかった都市）

位置しているのです。

一方で、日本の近代化が始まったころの人口ベスト15都市の中には、金沢、富山、熊本、鹿児島、和歌山、徳島、函館という街々が入っていたのですが、これらの「かつての大都市」はいずれも、今日、政令指定都市とはなっていません。これらはすべて、新幹線が通っていない都市でした。

そしてそれ以外のベスト15都市に入っていた都市（東京、大阪、名古屋、広島、仙台、など）はいずれも、新幹線が通る都市だったのです。

このことはつまり、（高速都市間交通インフラ、すなわち、現代の）**新幹線の有無が、その都市の命運を分けたことを意味しています。**

新幹線さえ通っていればかつての大都市は大都市のままいられた、一方で、**新幹線がなければ、かつてどれだけ栄えていた都市でも、凋落していかざるを得なかったのです。**

こうした歴史的事実は、**「新幹線」の整備が都市の発展にとって極めて巨大なインパクトを及ぼしてきた**ことを明確に示しています。

では、東京、そして、大阪の新幹線の整備水準は、どうなっているのでしょうか？

図9　全国の新幹線整備計画と、整備済みの路線

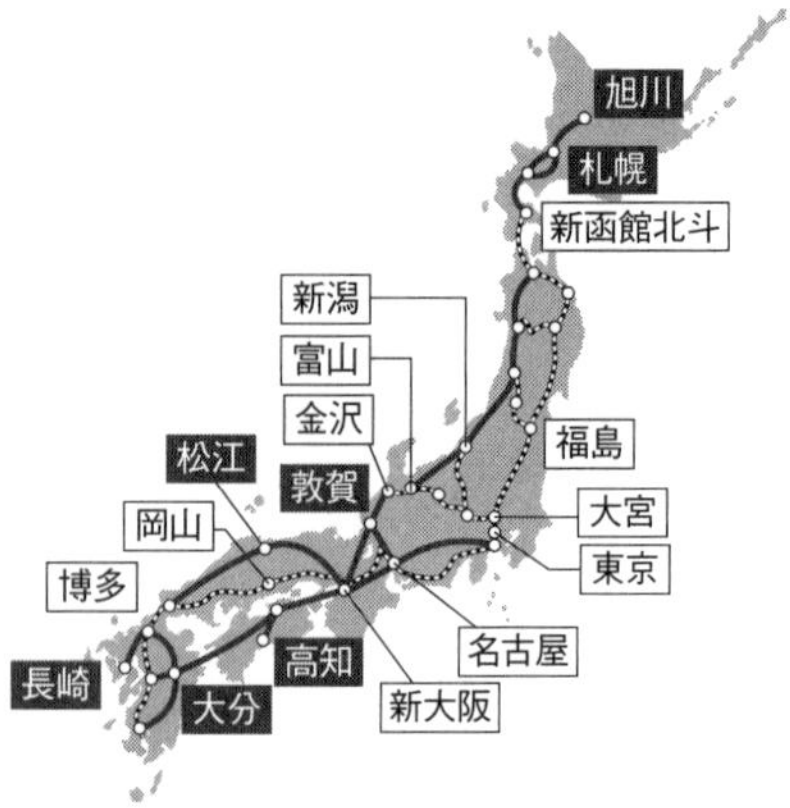

図9をご覧下さい。

この図は、日本政府が昭和40年代に構想した、「新幹線の整備計画」の路線図を示したものですが、「白黒の線」で書かれたところがつくられたところで、「黒線」で書かれた路線は完成していない路線です。

この地図をじっとご覧ください。

そうすると東京と大阪では、その整備状況が**「月とスッポン」**ほどにかけ離れた状況にあることが見て取れるはずです。

東京に接続する新幹線、ほとんどすべて整備が完了しています。唯一整備されていないのが中央リニア新幹線ですが、それすらまさに今、その工事が進められているところです。

ところが大阪に接続する新幹線は、東海道・山陽新幹線こそ開通していますが、それ以外の4つの計画路線はすべて未完成で、着工すらまだのものばかりです。

本数にして大阪は1本だけなのに対して、東京は4本の新幹線が整備されているのです。

ちなみに、文字通りの「4倍」もの大きな格差が開いているインフラ項目は、他に見当たりません。大阪の空港や港湾、高速道路は、東京のそれらに比べますと、さして遜色ない水準で整備されています。新幹線だけが唯一、ここまでの巨大な格差がついてしまっているのです。

先にも指摘しましたが、新幹線の整備というのは、現代においては、その都市の栄枯盛衰に直結する超重要インフラです。にもかかわらず、東京だけに集中整備されている一方、大阪には、1本だけで、それ以上の整備は全く進められていないのです。

つまり――この新幹線の整備水準の東京・大阪格差が、**都市規模の東京・大阪格差を生んでいる「極めて重大な、決定的原因」**となっているわけです。

なお、新幹線を整備しているフランスやドイツでは、ほとんどの都市（20万人以上の人口を持つ都市）は、既に新幹線が「完備」されており、それぞれ未整備のフランスで2つだけ（オルレアン。クレルモンフェラン）、ドイツでは1つだけ（ケムニッツ）、となっています。

ところが日本には、20万都市であるにもかかわらず、未だ新幹線が整備されていない都市は、実に20以上にも上ります。一方、新幹線を十分に整備していないアメリカやイタリア、イギリスでは、新幹線の代わりに高速道路網を、日本よりも高密度につくっています。つまり、日本以外の主要先進国では、首都への交通インフラ投資の一極集中は起こっていないのです。やはりそれが図7で示した、日本の東京だけで一極集中が起こっている基本的背景なのです。

東京を中心とした「新幹線ネットワーク」が築き上げた「東日本巨大都市圏」

ここで改めて東京大阪間の新幹線の整備格差がもたらしたインパクトについて、より詳しく考えてみたいと思います。

そもそも今日、我が国日本の産業は、農業や物づくりから三次産業中心のものへと移行してきました。したがって、今日の「ビジネス」の多くは、様々な商談を中心とした人と人との交流が中心となっています。そんな三次産業ビジネスでは、より多くの都市に効率的に行くことができる街に、そのオフィスを構えることが得策になっていきます。

図9を改めてご覧ください。

東京にいれば、「新幹線」を使って、東海道地方にも、東北地方にも、新潟方面にも、そして最近では、金沢、富山といった北陸地方にも、新幹線で、1、2時間程度で、訪れることができるようになっています。

一方で、大阪は、山陽方面や東海道方面には、新幹線で素早く行くことができますが、北陸、四国、山陰の各方面の都市とは新幹線と結ばれておらず、近い割にはスグに行くことができない状況にあります。

したがって、**より多くのビジネスチャンスを目指している民間企業は、どうしても、大阪よりも東京に本社を置こうとする**ことになります。

そしてそれと同時に、東京にオフィスを構える企業は、新幹線と接続した東北や北陸、上越、そして、東海道の各地域と、様々なビジネスを展開していくことになります。

しかもそれとは逆に、東北や北陸などの、東京と新幹線で結びつけられた地方の都市にオフィスを構える各種企業もまた、東京でビジネスを展開するようになっていきます。

こうして、**新幹線で結びつけられた都市と都市の間には、様々なビジネス上の交流が生じ、経済的な都市圏の一体化が進行**していきます。そして、それぞれの街が共存共栄を繰り返しながら、徐々に発展していくことになります。

言うまでもなく、こうした交流は、ビジネスのみならず、観光を通しても進展していくことになります。

　こうして、**東京を中心に、東海方面、仙台方面、新潟方面、金沢方面、そして長野方面の街々が皆、共存共栄で発展していき、東京を中心とした巨大都市圏が、東日本に形成されていった**わけです。

　そして、そうした東日本の巨大都市圏が発展していけばいくほどに、その中心都市である**東京が、さらに巨大化**していったのです。

　東京にいれば、その東日本の巨大都市圏のどこででもビジネスができるために、ますます多くのオフィスが立地していく。それと同時に、その巨大都市圏の人々もまた、東京めがけて様々なビジネスを展開し、観光で訪れようとするようになるからです。

　そして何より、「東京が巨大化した」という事実がさらなる企業立地を誘発していきます。なぜなら、巨大な都市には巨大なマーケットがあるのであり、そこにオフィスや店舗を構えれば、自動的に有利なビジネスを展開できるからです。

　こうして東京は、**山を転げ落ちる雪だるまがどんどん大きくなっていくように、一極集中がさらなる一極集中を呼び込むことを通してどんどん巨大化していった**のです。

　つまり、東京は、周辺都市と結びつく新幹線網をほぼ、完備したが故に、自身をコアとした巨大都市圏を形成することが可能となり、それを通して、自分自身もさらに巨大化していったのです。
いわば、**東日本という広大なエリアに、新幹線網という太い根を張り、その中心にそびえ立った一本の巨木、それが「東京」という巨大都市**だったのです。

新幹線がないせいで、築き上げそこなった「大大阪」都市圏

ところが――大阪は、岡山広島方面、名古屋方面に対しては、東京と同じような「都市圏の一体化」は進んでいきましたが、距離的に近いはずの北陸方面、四国方面、山陰方面とは、新幹線で結びつけられていないが故に、そうした一体的発展を遂げることができなかったのです。
大阪は、西日本という広大なエリアに、新幹線という太い根を張ることができず、したがって、その中心の木も、東京のような「巨木」になりそこなっている、という次第です。

その具体的典型例が、金沢です。

金沢は、少なくとも距離の上では、東京よりも大阪の方が圧倒的に「近い街」です。

ところが、北陸新幹線が開通した今となっては、時間的には、東京よりも大阪からの方が「遠い街」となってしまいました。「サンダーバード」という在来の特急で、大阪から金沢まで3時間前後もかかってしまいます。ところが東京からだと金沢へは、この(2015年)3月に開通した新幹線で2時間半で行けるようになりました。

このことは金沢は、これから大阪との結びつきよりも東京との結びつきをより拡大していくことを意味しています。

結果、金沢がもつ「養分」は、大阪ではなく東京に供給されていき、東京はこの北陸新幹線で、ますます大きな樹木へと成長していくこととなるのです。そして逆に金沢は、北陸新幹線を通して東京から逆に様々な「養分」を吸い上げることを通して、金沢自身も東京との関連の中で成長し、北陸と東京との一体化が進み、両者は「一体的な都市圏」を徐々に形成していくこととなるのです。

一方で大阪は、新幹線が未整備であるが故に、これだけ距離が近いにもかかわらず、金沢を中心とした北陸地方と、一体的都市圏をつくり上げていくことができなくなってしまっているのです。

そしてこうしたことが北陸のみならず、四国や山陰の間でも生じてしまっているのが実情です。

四国の街々や山陰の街々は、今、大阪からは、2時間から4時間程度もの時間がかかってしまいます。在来の鉄道しかないからです。一方で、それらの街々は、実は飛行機を使えば東京には、待ち時間を入れてもものの2時間程度で行くことが可能となっています。したがって今や、**四国や山陰は、大阪の方が圧倒的に近い都市であるにもかかわらず、その大阪よりも東京との結びつきを強めつつある**のです。

一方でそもそも、四国には松山、高松、高知、徳島という大きなポテンシャルを持った街々があります。山陰でも、松江、米子はそれぞれ発展のポテンシャルを抱えた街なのですが、高速鉄道である新幹線と結びつけられていないが故に、超巨大西日本都市圏である**「大大阪」都市圏が形成されず、その結果、その中心の樹木である大阪もまた、大きく育つことができなくなっている**のです。

新幹線がつくり上げる、「大大阪」圏

では、西日本巨大都市圏としての「大大阪」圏をつくり上げるためには、一体どうすれば良いのでしょうか——?

筆者はそれについては、**「日本政府がかつて策定した新幹線計画を、再始動させていく**

こと」が、最も得策なのではないかと考えています。

今一度、図9の「新大阪」にご着目ください。

この図からも明らかな通り、大阪には、北陸と結びつける北陸新幹線の計画も、四国と結びつける四国新幹線の計画も、さらには、山陰地方と結びつける山陰新幹線の計画も存在しているのです。

もしも、これらがすべて整備されることとなれば、東京が東日本巨大都市圏を築き上げ、自身もその中心の巨木と栄えていったように、大阪もまた、大大阪圏を築き上げると同時に、自身もまた大きく栄えていくことは間違いありません。

そうなると、北陸、山陰、四国の街々が皆、大阪と結びつけられ、互いに発展を遂げつつ、一体的な都市圏、大大阪圏を築き上げていくことになり、そして、その大大阪圏に張り巡らされた新幹線という根を通して、中心の樹木・大阪に様々な養分が供給され「巨木化」していくことになるのです。

そして、そうした計画を、今から40年前に、我が国政府は確かに策定し、それを、我が国の中で最も重たい決定の1つである「閣議決定」を行うまでしているのです。したがって、それを進める政治プロセスは、一から始める必要などないのです。国会で法律まで通っている状況であり、かつ、基本計画まで正式に策定されているのですから、今やもう随分と、超絶に複雑な調整が必要な政治プロセスの多くが済んだ状況にあるのです。

つまり、政府がかつて策定した新幹線計画を**再び始動する**ことが、大大阪圏をつくり、大阪それ自身を大きく発展させていく、重要、かつ、**現実的な出発点**となるのです。

もちろん、山陰新幹線も含めたすべての新幹線計画を、今すぐに進める、という訳にはいきません。それには大きな予算も必要となるからです。

わたしは、具体的な戦略としては、次の2つのプロジェクトを着実、かつ、速やかに進めていくことが合理的なのではないかと考えています。

（プロジェクト1）「リニア大阪名古屋同時開業」プロジェクト
（プロジェクト2）「北陸・関空・四国縦貫新幹線」プロジェクト

大阪のパワーを「内向きの改革」でなく「外向きのプロジェクト」に投入する

これらのプランはいずれも、これまでの中央政府による計画を基本とし、現在の大阪、関西の実情を踏まえつつ「具体化」することを目指すものです。したがって、中央政府の計画を踏まえて進められた現状の大阪府市の取り組み内容と、当然重複する部分がありま す。例えば、リニアの同時開業は、大阪の発展において誰もが外せないものとして挙げるものです。

しかし、この「大大阪」構想は、大阪市の廃止解体、ならびに、その事業の府と特別区への引き継ぎという、「過激な改革」を意味する「都構想」の実現を前提とするものではありません。現有の市、府、財界、そして、周辺各府県と中央政府の存在を前提とし、それらの間の徹底的な連携を図ることで、オール関西、オールジャパンで推進しようとするものです。

そもそも「都構想」の実現には、莫大な行政コストが必要です。少なくとも、都構想が決定してから移行期の2年間、そして、その後も数年間は、大阪の限られた行政パワーの相当部分を、「過激な行政」に費やさざるを得なくなり、その結果、行政パワーの大半を「前向きのプロジェクトに費やす」ことが実質上できなくなります。

したがって「都構想」が可決されれば、これらプロジェクトの進捗は数年規模で確実に停滞します。

今、2021年のオリンピック、2027年のリニア名古屋開通（予定）といった、大阪を完全に「おいてけ堀」にする大国家プロジェクトが着々と進行する今日、大阪は正念場を迎えています。そんな状況の中、過激な改革のために数年間身動きがとれなくなってしまえば、大阪に決定的なダメージがもたらされるのは決定的です。

さらにはこれらプロジェクトを進めるためには、「豊富な都市行政のノウハウ」が絶対的に不可欠です。例えばどんな都市開発でも、対象とするエリアの地権者たちから、土地を買い上げたり、新しい土地と交換したりする「換地交渉」には、膨大な労力が必要です。特に大阪都心のような権利関係が複雑な地域におけるそうした交渉、調整は、素人がいきなり対応してもできるようなものではありません。

ではそのノウハウがどこに蓄積されてきたかと言えば、言うまでもなく、大都市で、そうした交渉、調整を続けてきた行政部隊に限られます。そしてそんな大阪府内最大の大都市がどこだったかと言えば、もちろん大阪市なわけですから、大阪市にこそ、そうしたノウハウが蓄積されているのです。例えば、USJのための各種調整は、数々の修羅場をくぐり抜けてきた大阪市役所の都市計画部隊の粘り強い調整があってはじめて実現したことは都市計画の専門家の間ではよく知られた事実です。

一方で、大阪府は、主として郊外の開発を手がけてきましたから、超絶に権利関係が複雑な大阪都心の各種調整を行う能力はほとんどありません。もちろん、大阪市のノウハウをもった人材が、都構想実現後も大阪府が行う都市行政を手伝うことになるのでしょうが、「手伝う」程度では、大阪府がそれだけ超絶に複雑な交渉をまとめ上げるには、相当の時間がかかることは不可避でしょう。

無論、今多くの人々、とりわけ多くの大阪の方々は、「大阪市役所の無能さ」「やる気のなさ」を批判の対象にしておられます。しかしなぜ、大阪市役所だけが無能でやる気がなく、大阪府庁だけがそうではないと断定できるのでしょうか？　万一前者（市）が無能なら、後者（府）だって無能である可能性は大いにあるのではないでしょうか。一方で、後者（府）が有能な部分があるなら、前者（市）だって有能な部分があることにはならないでしょうか。

無論、ここでは府と市のどちらの役人が優秀なのかを論証することはできません。しかし、市の役人だけを「シロアリ」「無能」扱いし、府の役人を不問に付すのは、冷静に考えて正当化しずらいのではないかと、筆者は思います。

いずれにしても、以上を踏まえれば、東西格差が日に日に拡大し、これからまさに、オリンピックとリニアによってその格差が加速度的に開こうとしている今、大阪が取り組まねばならないのは、内向きの過激な行政改革ではなく、現有の府や市の行政パワーを最大限に活用した、「大大阪（だいおおさか）」をつくり上げるための外向きの具体的プロジェクトの推進に他ならないのです。

ついては以下、各プロジェクトの概要をお話したいと思います。

リニアの名古屋大阪同時開業

我が国では２０１４年、「リニア中央新幹線」の工事が始められました。

今から7年後の２０２７年には東京名古屋間が開通し、東京・名古屋間がたった40分で結ばれる予定です。

40分といえば、大都市「内」における、極めて一般的な移動時間ですから、リニアによって、東京名古屋間が「１つの都市圏」となるということになります。

これは、名古屋の発展に巨大なインパクトを与えます。

なぜなら、名古屋よりも東京の方が、いろんな所にスグに行けるからビジネスがやりやすい、という理由で東京に存在していた様々な企業が、リニアの開通によって名古屋に移転していくことが予期されるからです。

一方で、そのリニア新幹線が名古屋から大阪まで開通するのは、名古屋までの開通からさらに10～18年後の２０３７年～２０４５年と予定されています。

この10～18年間に、大阪の凋落は決定的なものとなります。

そもそも、リニア開通後は、大阪東京間の所要時間は短縮されますが、それでも2時間程度はかかります。これはつまり、東京名古屋が1つの都市圏になる一方で、大阪だけはその都市圏から外されてしまう（つまり、いわゆる〝ハミゴ〟になる）からです。

その結果、ただでさえ**大阪経済、関西経済が地盤沈下し、**年々拡大しつつあった**「東西格差」がリニアの名古屋先行開業によって、決定的なものとなってしまう**ことは避けられないでしょう。

そうした認識の中で、議論されはじめたのが、

「リニア大阪同時開業」

です。つまり、２０２７年に名古屋東京が開通する年次に、大阪まで同時に開業しよう、というわけです。

当方の研究室では、こうした背景から、このリニア大阪同時開業のインパクトがどれくらいなのかを、当研究室で開発したマクロ経済シミュレーションモデルＭａｓＲＡＣを用いて推計してみました（このシミュレータの詳細については、当方の研究室「藤井研究室」のホームページをご参照ください）。

その結果、やはり、当初に想定した通り、同時開業することで、大阪の経済はさらに拡大すると同時に、東西格差は大きく是正される結果が示されました。

すなわち、大阪府の人口は、同時開業によって２０４４年時点で**26万人**（７３２万人→７５８万人）も増加すると同時に、**大阪府の経済規模が１・３兆円拡大**する（39・３兆円→40・６兆円）、という結果となったのです。

なお、もう少し丁寧に説明しますと、大阪府も東京23区も、どちらもこれから人口は減少していくのですが、「同時開業」されれば、大阪府の人口の「減り方」が緩和され、その結果、44年時点では、同時開業しないケースよりも人口が26万人多くなる、という結果となったという次第です。図10で言いますと、大阪府の人口は減っていくのですが、「実線」で示した「現状通り」（45年開業シナリオ）の場合よりも、「点線」で示した「同時開業シナリオ」の方が、その減り方が緩和される、という次第です。

そもそも名古屋まで20分強、東京まで60分強でアクセスできるとなれば、大阪に居ながらにして、名古屋や東京でのビジネスを容易に展開することが可能となるわけですから、大阪の経済活動が拡大していくのも当然です。

一方、東京23区はどうなるのかというと、図10に示しますように、45年にかけて人口は減っていくのですが、「現状通り（大阪45年開業）」シナリオ（実線）の時よりも、「同時開業」シナリオ（点線）のケースの方が、その減り方が「激しく」なっていることが分かります。そして、44年時点では、同時開業すれば、47万人も減少するであろうことが示されていま

図10　2014年～2014年にかけての東京23区と大阪府の人口の推移（シナリオ別）

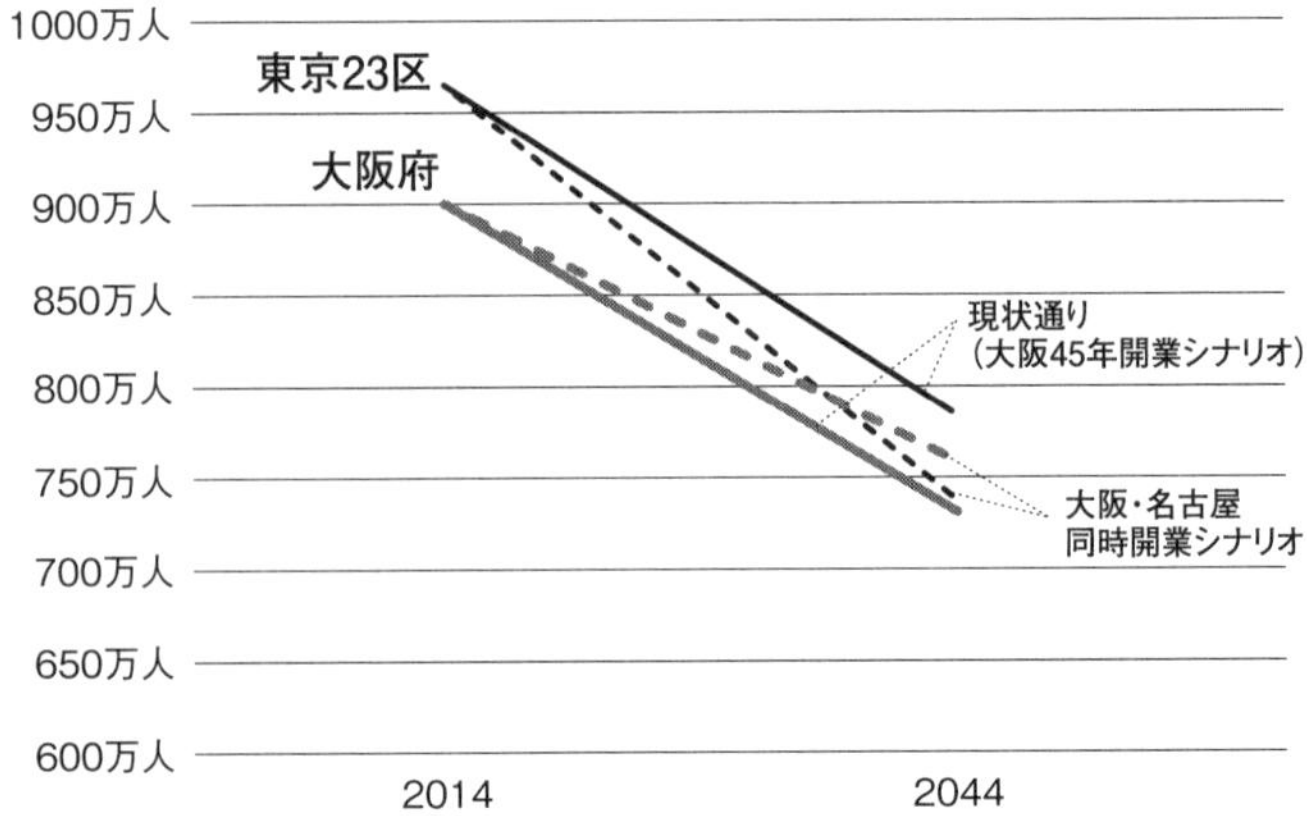

す。

では、この47万人がどこに行ったのかというと、大阪を中心とした、名古屋を含めたリニア沿線都市なのです。そして、上記のように、大阪の人口は26万人も増える結果となったのです。つまり、リニアの同時開業を図ることで、東京一極集中が緩和されると同時に、大阪の人口減少に歯止めがかかり、東京の人口が、大阪に20万人規模、名古屋等に十数万人規模で分散化していくことを意味しています。

そして、図10に示したように、現状では、東京23区の方が大阪府よりも人口が多いのですが、44年時点では、**両者の人口が逆転**し、大阪府の方がより多くなることが示されたのです。

こうなったのは、そもそもリニアが通れば三大都市圏が1時間強で結ばれ、1つの都市圏として統合されることになるからです。これまでは、三大都市圏が「分断」されていましたから、あらゆるものが利便性の高い「東京」のみに吸い取られていたわけです。しかし、リニアによって三大都市圏の統合が大きく進み、その分断性が低下していけば、多くの人々にとって**東京に「固執」する必要性が、なくなっていくのです。**

つまりリニアが通れば、「東京だけが特に便利だ」ということではなくなり、「どこの都市に住んでいてもあまり変わらない」ということになります。その結果必然的に、東京に一極集中していた人口やオフィスがリニア沿線に**「分散化」**していくことになるわけです。

さらに言うなら、今、東京は首都直下地震に襲われる高いリスクに苛まれています。それを考えれば、東京でなくても同様のビジネスが展開できるような場所があれば、東京から**「逃げ出したい」**という企業がたくさんいる状況にあります。実際、筆者が政府で担当していた国土強靱化行政では、そういう大企業の事例の情報が、様々に入ってきています。ですから、リニア新幹線が通り、大阪と東京の利便性の格差が相対的に縮まれば、一気に東京から大阪へのビジネスの大移動が起こる可能性も考えられるのです。そして、そうした移転を後押しする**「大阪・関西への誘致」**の取り組みを大阪を中心に**大々的に展開**すれば、その可能性はさらに現実的なものとなっていくでしょう。

なお、大阪と名古屋の間のリニア区間を開通させるために必要な金額は、約3・5兆円。この事業費は、今のところJR東海が負担する、ということになっていますが、今のJR東海には、この3・5兆円もの大量の借金を（東京名古屋間のリニア新幹線の整備事業に必要なおカネの借金に加えて）行う余力はありません。それこそが、大阪までの開通が、名古屋までの開通の18年後となっている理由なのですが――逆に言うなら、この3・5兆円の資金を、JR東海に融資し、かつその金利分を誰かが負担することができれば、同時開業は、現実的に前に進み出す可能性が十二分に存在する（！）のです。

つまり、どこかの誰かが、3・5兆円を「無償で提供」するのではなく「一定期間（無利子で）貸し出す」ことができれば、同時開業の実現はグンと近づくのです。

もちろん、中央政府がそれを担うという可能性もありますし、関西の地方政府、あるいは、財界が負担する、という考え方もあります。あるいは、リベニュー債というリニアにだけ使うと確約した債券である「リニア債」を発行し、それを関西の方を中心とした一般の人々がそれを購入することで、調達していくという方法もあります。

ただし現実的には、こうしたアイディアをすべて動員し、なんとか、3・5兆円を用立て、それを原資として、同時開業を目指していく、という姿勢が肝要です。

「北陸・関空・四国」縦貫新幹線構想（1）：「北陸接続」が「大大阪」形成の第一歩

「リニアの2027年、大阪名古屋同時開業」は、「大大阪」形成のための、絶対条件ですが、それが成し遂げられただけでは、「大大阪」が形成されるわけではありません。

そもそも「大大阪」とは、大阪を中心として、西日本の周辺地域を、高速鉄道（新幹線）でつないでいくことで、つくり上げていこうとするプランです。

その点について言うなら、現状において、最も「熟度」が高い現実味がある新幹線計画は、敦賀経由で大阪と北陸地方を新幹線でつなぐ「北陸新幹線」構想です。

北陸新幹線は、東京から金沢まで2015年の3月に開通しました。そして、2022年までに、敦賀まで開通予定です。

ですが、敦賀と大阪の間については、未だ具体的な整備計画が立てられていません。今のところ、フリーゲージトレインといって「新幹線」と普通の鉄道の線路（在来線）のどちらも走れる車両、というもので、これでつなぐというアイディア（ただし、敦賀大阪間の速度は高速にはなりません）から、やはり、「フル規格」の新幹線を大阪までつなぐというアイディアまで、様々に議論されています。

もちろん、北陸と大阪を直結することで、北陸と関西圏を一続きの大都市圏に「育成」していくためには、**「フル規格の新幹線を開通」させることが絶対に必要**です（それによって、さらに40分程度の時間が北陸大阪間で短縮されます）。

北陸と敦賀をどうつなぐかという点については、いくつかの議論が成されていますが、投入可能予算を見据えながら、その具体的なルート問題の調整を、各地域、中央政府と連携しながら、大至急、確定していかなければなりません。

いずれにしても、北陸新幹線が大阪まで接続すれば、金沢まで1時間強でつながり、北陸と関西圏（京阪神）との間が強力に結びつき、北陸都市圏を包み込むかたちで「大大阪（だいおおさか）」圏が育っていくこととなります（なお、そのための財源問題については、中央政府との連携が不可欠になりますが、その点については、後ほど、改めてまとめて解説したいと思います）。

「北陸・関空・四国」縦貫新幹線構想（2）：「四国接続」を急げ

次に今、大阪で取り組まなければならないのが、関西と四国の新幹線の接続です。この接続によって、先の北陸線とあわせた「北陸・関空・四国」縦貫新幹線構想が実現することになります。

今、四国とは、鉄道では瀬戸大橋で接続されていますが、岡山で乗り換え、岡山と四国の間は在来線ですから、関西によって四国は遠い地域となっています。特に、松山や高知は鉄道なら4時間前後かかりますから、距離が近いにもかかわらず飛行機で行くのが当たり前となっています。ところが飛行機で行くとなれば、松山や高知は、東京便の方が頻度も、飛行機のサイズも大阪便よりも大きいのです。したがって、四国の南西部は今や、大阪ではなく、東京との交流が大きくなってしまっているのです。つまり、北陸が東京圏に組み込まれ始めていると同時に、四国もまた、大阪圏ではなく東京圏に奪われ始めているのです。

ですがこれが新幹線で結ばれれば（少なくとも現在、四国四県やJR四国が実際に構想しているプランでは）、1時間強から2時間弱で、四国の高松、徳島、高知、松山と大阪が結ばれることになり、四国と関西の連携は、今と全く違ったものとなります。そうなれば四国全域が、東京圏ではなく「大大阪」圏の重要な一地域になることは間違いありません。

もちろん、こういう壮大な話は、現状の厳しい財政の中では、荒唐無稽に聞こえるかもしれませんが、実際に今、上にも少し触れたように、四国各県はこの四国新幹線の実現に向けて、様々な研究、調査を繰り返し、十二分以上に大きな便益が生まれることを明らかにし、中央政府に強くその実現を要請しているのです。筆者もまた、「国土強靭化」という政府政策の提唱者として、四国四県と和歌山県の各知事の皆さんと度重ねて意見交換を行い、この実現に向けた様々な課題の検討を始めているところです。

ついては、この四国各県と大阪とが協調し、中央政府のバックアップを受けながら、10年、20年後を見据えた、プロジェクトを構想していくことは、決して荒唐無稽な話ではないのです。

「北陸・関空・四国」縦貫新幹線構想（3）：「北陸・四国」新幹線を、関空につなげ

さらにこの四国新幹線の議論は、ルートを適切に設定すれば、関西空港を、考えられ得

る最大限に有効に活用することが可能となります。図11をご覧ください。この図のように、四国新幹線を、関空を通過させるようにすれば、新大阪駅、そして、大阪駅から関空に15分程度でアクセスすることが可能となります。しかし、その効果はそれにとどまりません。

関空にアクセスしやすくなる人々の数が飛躍的に拡大することになります。特に、北陸の人々、四国の人々は、文字通り1時間前後で、ノンストップで関空にアクセスすることが可能となります。

そうなれば、関空の利用者は格段に増えます。そうなれば、飛行機会社は、それだけ巨大なマーケットを無視するはずもなく、関空利用を望む飛行機会社がますます殺到することになります。そして、そうなれば、当初計画されていた、さらなる滑走路の拡張計画が現実のものとなるでしょう。

そして、関空がさらなるマンモス空港となって利益を受けるのは、大阪を中心とした関西、西日本の各地域住民です。そうなれば関西、西日本の人々は、海外に行くときにわざわざ成田空港周りでいかなければならない、という面倒なことを金輪際しなくても良くなります。

つまり、「大大阪(だい)」は、新幹線ネットワークに関空を接続させることで、**海外との距離を超絶に縮めることに成功する**こととなり、それを通して、東京大阪間の飛行機を巡る格差も一気に解消されていくことになるでしょう。

そしてその効果は、海外の人々にももちろん供給されることになります。関空に訪れれば、新幹線で一瞬にして、京阪神、北陸、四国に移動することができます。そうなれば、関西、西日本に訪れる観光客（インバウンド）、ビジネス客は一気に増えることとなるでしょう。これが、大阪、関西、西日本のさらなる経済成長を促す効果をもたらすのは明白です。

さらにそこまでくれば、国際的なビジネスを展開する国内外の企業は、もう東京にこだわる必要もなくなり、関西への立地がさらに促されることとなるでしょう。

西日本におけるさらなる新幹線プラン

こうして、北陸と四国を新幹線で接続することで、大大阪は北陸や四国との連携を深め、共存共栄を果たして拡大していくことができるのみならず、関空をその縦貫新幹線に接続することで、海外の活力を広く取り込むことに成功するのです。そしてそれらを通して、東京と大阪の間の格差を一気に縮めていく契機を大きく得ることができるのです。

ただし、大阪を中心とした地図をじっと見据えれば、大大阪を形成するために成すべき、

図11　北陸・関空・四国縦貫新幹線の「四国接続」区間
（ならびに、「友ヶ島防潮堤」）のイメージ例

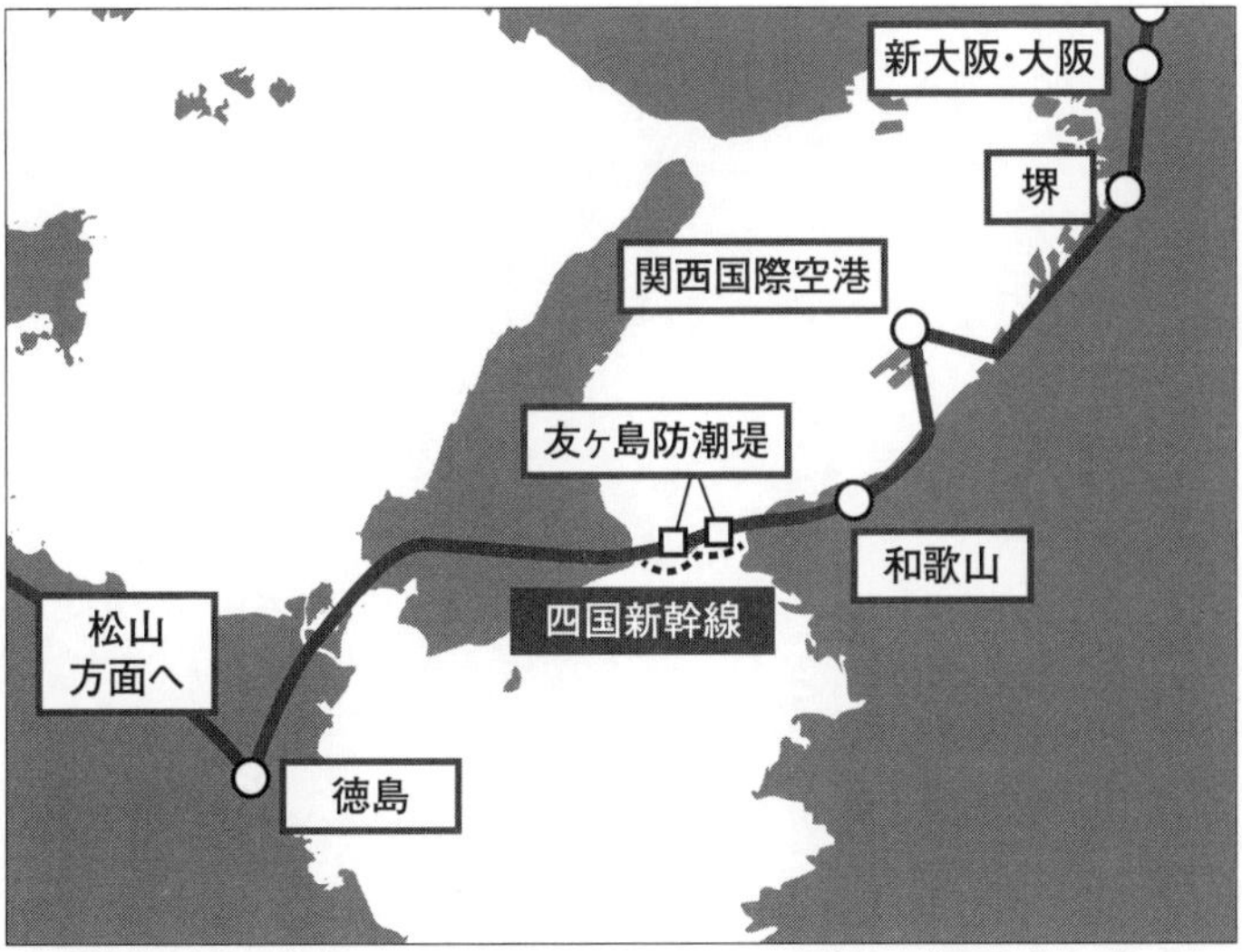

優良なプロジェクトはまだまだ存在しています。

例えば、山陰地方に新幹線を整備する議論は、山陰地域に色濃く存在しています（特に、鳥取県知事はこの構想に大いに前向きで、様々な取り組みを進めています）。今のところ、全国的な議論とはなっていませんが、筆者は今の所、これまでの著書の中でも、予算制約を考えつつ、まずは、岡山と山陰を結ぶ「伯備線」を新幹線化することの政策を提言しています。

さらに、その伯備線の新幹線は、岡山をさらに南に貫通して、四国の高松まで接続することも可能で

す。そもそも、岡山と香川の間にある瀬戸大橋は、つくられた当初、新幹線を在来線と共に整備することを想定して、十分な幅をもってつくられているのです。ですから、岡山と香川の間の新幹線は、必要最小限の予算で実現することも可能です。そうなれば、山陰、山陽、四国というこれまで分断されていた三地域が一気に接続されることになります。

こうしたプランはもちろん長期的なものですが、これらのプランが実現化すれば、「大大阪」圏は間違いなく、東京を中心として、東北、上越、北陸、東海の各地と接続することでつくり上げた「東日本巨大都市圏」に匹敵する程の都市圏ができあがるに違いありません。そのためにも、まずは、具体的に実現可能なプラン1からプラン3までのプロジェクトを、着実に進めていかなければならないのです。

国家プロジェクトの中に「大大阪」圏の形成を位置づけよ

以上、いかがでしょうか？　少々具体的な経緯まで含めてお話ししましたが、要するに、リニア同時開業を確実なものとした上で、大阪を中心に、東海、山陽のみならず、北側の北陸、南西側の和歌山と四国を新幹線で接続していこうとするのが、「大大阪」構想なのです。

リニアについては、（その金利分を除けば）最終的にJR東海が負担するということを考えれば、今、純粋な財源として必要なのは、以上の議論に基づけば、当面、最小で、米原・敦賀間の新幹線と、新大阪・大阪・関空の間の新幹線です。

その予算は、10年で行うとすれば、高く見積もれば年間2000億円程度になりますが、上記のような費用最小化の工夫を重ねれば、おおよそ**年間1000億円**程度に抑えることも可能となります。

もちろんそれでも年間1000億円と言えば巨大な金額です。

しかしそれが大国家プロジェクトである以上、財政負担においては中央政府が大きな役割を担いつつ各種調整を図りながら、財源を確保していくものです。

そしてこれらをまとめて推進する基本法である**「大大阪形成促進基本法」**が国会でつくられれば、さらに強力にこうしたプロジェクトが推進されていくことになるでしょう。

つまり今重要なのは、こうした「構想力」と、それを具現化していくための「中央政府と大阪・関西との間の太いパイプに基づく調整力」なのです。

「大大阪（だい）」圏をつくり上げるための、効率的な「防災投資」：友ヶ島プロジェクト

ところで「大大阪（だい）」の形成のためには、新幹線を整備するだけでなく、次の2つの論点をクリアしていく必要もあります。

第一に、大阪の都心にさらに人を呼び込む、魅力的な装置を設置していくことが必要である、という論点。

第二に、早晩必ず起こる南海トラフ巨大地震が起こっても、潰れない防災力・強靱性を確保しなければならない、という論点です。

まず、この第二の点については、筆者は次のように考えています。

防災対策には様々な取り組みが不可欠ですが、今、大阪が最も恐れなければならないのは、超巨大津波が来たときに、大阪平野の大半が津波で徹底的に破壊される、という危惧です。

中央防災会議座長の河田惠昭（よしあき）教授は、最悪のケースでは津波が淀川を遡上し、枚方あたりまで水浸しとなり、大阪平野に押し寄せた津波は生駒山でようやく止まる程までに徹底

的に内陸側にまで入り込む可能性がある、と指摘しています。

もしそうなれば、もう大阪は二度と復活できない程の激甚被害を受けることになります（上町台地は高台なので免れますが、それ以外はほとんど破壊されてしまいます）。

これを避けるためには、高い防潮堤を大阪湾全体に設けなければなりませんが――それには、気の遠くなる程の予算が必要になります。簡単な試算では、おおよそ5、6兆円程度の予算が必要になりますが、この厳しい財政状況では、それは絶望的です。

そんな中、今、大阪府議会等で議論されているのが、図11に示した紀淡海峡にある「友ヶ島」の位置に防潮堤を一部築き上げ、大阪湾に侵入する津波エネルギーを大幅に減殺させてはどうかという議論です。そもそも「友ヶ島」と淡路島の間は狭い海域になっており、この「狭さ」によって、大阪湾に侵入する津波エネルギーが大きく減殺されているのです。したがって、一部、防潮堤をつくり、津波が押し寄せる海峡の幅をより狭くしてエネルギーを減殺させよう、という発想です。

無論、その防潮堤整備には、これも10年でやるとするなら、年間数百億円から1000億円程度の資金と、環境影響評価を行うことが絶対必要ですが、もしこれが実現すれば、5、6兆円もの大規模な予算を投じて大阪湾岸に高い防潮堤を立てることそれ自身が不要となりますので、大幅に防災投資を軽減することができます。

したがって、この友ヶ島の防潮堤構想は、トータルとして考えるなら、「最も安上がり」な津波対策となり得るものです。

しかも、この防潮堤は、その整備の構造を工夫すれば、紀淡大橋の「橋桁」として活用することも可能かもしれません。今のところ、四国新幹線は「トンネル」が想定されていますが、設計次第では、これを橋桁として使う可能性も考えられます。仮にそうでなくとも、かねてより構想されている道路橋として活用する方向性も考えられます。

いずれにしても、こうした「ダブル利用」を考えれば、「大(だい)大阪」形成のためのコストを、さらに圧縮していく可能性が考えられるでしょう。しかも、このプランの効果は、瀬戸内の兵庫、香川、徳島にも防災効果が及びますから、その整備費用は大阪だけでなく、全自治体で共通に負担することも可能です。そして言うまでもなく、今強力に国家が推し進めている「国土強靭化」に資するプランですから、強力な国費投入の可能性も考えられます。

ついてはここでは、このプロジェクトを、

〈プロジェクト3〉「友ヶ島」プロジェクト

と呼称したいと思います。

つまり、この構想は、投入費用を最小化するだけでなく、大阪市、大阪府だけでなく、周辺地域と、中央政府と協力しながら進めることができる、大阪にとっては大変に「経済的」とも言える投資プラン（つまり、「安うできまっせ！」なプラン）とも言えるわけです。

もちろんその具体化に向けては、様々な技術的、そして何より**「環境的な制約」**を考える必要はありますが、それを考え「始める」ことは重要な第一歩となるのではないかと思います。

新大阪・ウメキタ再開発：「大大阪」コア形成プロジェクト

さて、これだけの大新幹線ネットワーク計画を構想しましたが、この構想が、ある一点の都市開発に失敗すれば、それだけで、すべてその構想がダメになってしまう、という超重要プロジェクトがあります。

すべての新幹線路線が一点に集中する「新大阪駅」の問題です。

それぞれの路線のルートが確定できない今、必ずしも具体的な開発計画をここで検討することはできませんし、各路線の梅田、大阪駅の方面への接続を考えることが極めて重要なのですが、既存新幹線駅である「新大阪」への接続は必要不可欠といって良いでしょう。

したがって、中央リニア、北陸、関空、四国への新幹線がすべて一点に集中する、文字通りの扇の「要」となるのです。

扇はその要が壊れればすべてバラバラになってしまうように、「大大阪」のための新幹線ネットワークという巨大な扇の要である「新大阪駅」の改修工事と周辺路線整備が頓挫すれば、その扇が開くことはなく、結果、大大阪が花開くこともなくなってしまいます。

例えば、リニア新幹線の整備においても、名古屋駅の前後1㎞に渡り用地買収が困難を極めるであろうことが、今、大問題になっています。この用地買収ができなければ、結局リニアはできなくなってしまいます。それと同じことが、大阪のリニアや北陸・関空・四国への新幹線の問題でも当然起こることが予期されるのです。

一方で、こうした駅整備開発と合わせて、新大阪と梅田の間にある「ウメキタ」に残された都市開発（ウメキタ2期、と言われています）を、西日本の各地から新幹線を通してかき集められた大量の人々と活力を受け止めることができる商業、ビジネス、そしてイノベーションの拠点として整備することは極めて重要です。それができれば、新幹線整備の活性化効果はさらに加速していくこととなるでしょうし、逆もまた然りです。つまり、ウメキタを中心とした大阪都心の繁栄は、新幹線整備によって支えられることとなるでしょう。

本書では、新大阪とウメキタのこうした総合開発を、以下のように命名したいと思います。

〈プロジェクト4〉「大大阪」コア形成プロジェクト

ところがもし今「都構想」が実現してしまえば、こうした、「大大阪」の扇の要とも言える大阪都心の「都市開発」が効果的に進展していくことが困難となってしまうことが、真剣に危惧されます。それは既に**「真実5」**でお話したところですが、重要な点ですので改めてそれについて説明したいと思います。

第一に、先にも指摘したように、新しい新幹線の接続に伴う巨大開発事業には、凄まじい量の調整事項が発生します。それを行うには長年それに取り組んだ再開発のノウハウが必要なのですが、都構想においてそれを推進する「府」には、そういう経験がほとんどありません。つまり、複雑な地権者の権利関係が錯綜する都心部の開発案件を、大阪府は手がけた経験がないのです。したがって、都市計画のプロフェッショナルの多くは、都構想が実現すれば、大なる可能性で、大規模都市開発は、大きく滞り、完全に頓挫することすらあるだろうと危惧しているのが実情です。

第二に、都構想を実現することそれ自身に、当面の間、莫大な行政エネルギーが必要なのですが、それが大大阪のための各種都市開発を滞らせることは必至です。

第三に、それだけの都心投資を行うためには、大阪府議会の了承が必要となるのですが、借金が多く、基本的な道路や下水道整備も不十分な地方部問題を多数抱えた大阪府の議会で、そうした大規模な「都心だけのへの投資」がすんなりと了承されるか否かははなはだ疑問です。繰り返しますが、府議会における大阪市選出議員は3割しかいないのです。

「たかだか駅の話で、そんな大プロジェクトが停滞するのか？」と思われる方もいるかもしれません。

しかし、今、着工した東京名古屋間のリニア新幹線整備問題の最大のネックの1つが、品川駅、および、名古屋駅をつくるにあたっての様々な都市開発問題なのです。地方部、山間部での整備は、地権者が限られていることからその分、円滑に進められるのですが、都市部、とりわけ、都心部の駅周りについては、超絶に複雑な利権が重なりあっていることから、その調整は、困難を極めるのです。

こうした細かいまちづくり、都市計画の専門的な話は一般の方には知られていないことかもしれません。しかし、都市計画に長年携わってきた専門家の立場に立てば、一目瞭然です。

こうした点からも、今この時期、このタイミングで「都構想」を実現することは、大阪の発展を大きく阻害することに繋がることは、筆者の目から見れば、火を見るよりも明らかなのです。

「大大阪(だい)」が日本を救う

以上、いかがでしょうか？

大変にラフなスケッチではありましたが、こうした四大プロジェクトを、２０２５年に予定されている大阪万博を前提に進めていくのが、筆者が考える「大大阪(だい)」構想のあらましです。

それは、高速鉄道インフラが、東京を超巨大都市に押し上げたという歴史的事実をしっかりと踏まえつつ、大阪を中心に、北陸、四国と新幹線で取り結び、大阪を中心とした「大大阪(だい)」圏を形成しようとする構想です。

そのためには、基本的な「交通まちづくり」が必要になってくるのですが、そのための資金については、可能な限り切り詰めるプランを様々な工夫を重ねつつ構想し、かつ周辺地域、そして何よりアベノミクスや国土強靱化を押し進める中央政府と強力に連携しつつ、彼らにもしっかり拠出してもらう体制を築き上げていきます。そしてそれを通して、

オール関西、オールジャパン

のコンセプトで、京阪神、関西、西日本、そして日本を豊かで強いものへと仕立て上げていこうとするもの、それが「大大阪」構想なのです。

この大大阪が形成されていれば、仮に首都直下地震が東京に壊滅的被害をもたらしても、我が国全体は、深刻な被害を受けることなく、国家として存続し続けていくことが可能となるでしょう。つまり、

「大大阪」が日本を救う

のです。

ところが、大大阪がつくられずに、「都構想」によって大阪が衰退し、何もかもが東京に一極集中してしまえば、関西でも西日本でも大きく経済が停滞し、2000年もの歴史の中で紡がれてきた様々な伝統や文化、そして、人々が愛してやまない様々な「街」や「村」「里」が1つ1つ臨界点を超えて、「消滅」していくこととなるでしょう——。もうそれだけで「大大阪」が形成されなければ、我が国は巨大な損害を被ることになるわけですが、

そうやって東京一極集中が過激に進行しきった時に、東京が巨大地震等を通して激甚被害を受けたとしたら――我が国はもう二度と立ち上がれぬ程の深刻なダメージを被ることとなるでしょう――。

つまり、

「都構想」が日本を破壊する

のです。

繰り返しますが、「都構想」とは、「ワン大阪」と言いつつ、自らの組織改編に莫大な行政エネルギーを費やそうとする「内向き」「後ろ向き」の取り組みであり、ここで論じた「大大阪」構想とは、**真逆**を向いた構想なのです。「大大阪」構想は、その行政エネルギーを、財界や周辺地域や関西財界すべてのオール関西の力、そして、日本国政府の力と共に、前向きのプロジェクトに費やしていこうとするものなのです。

つまり、「都構想」が大阪単独の構想である一方で、「大大阪」構想は、オール関西、オールジャパンで、皆で豊かに強くなろうと取り組むものです。

あるいは、「都構想」が大阪単独の利益に着目した構想である一方で、「大大阪」構想は、関西や西日本、そして日本に対して「いかに貢献するか」といった視点を忘れず、責任感とプライドをもった構想だと言うこともできるでしょう。

さらには、「都構想」が大阪のパワーを、内向き・後ろ向きな大阪市の解体分割というものに費やしていこうとする一方で、「大大阪」構想は、大阪、京阪神、関西、西日本、そして、日本それ自身を発展させようとする、極めて外向き、前向きなプロジェクトだと言うことができるでしょう。

繰り返しますが折りしも今、東京は２０２１年のオリンピックめがけて、次のステージへのさらなる発展を遂げようとしています。お隣の名古屋も、もしも大阪名古屋のリニア同時開業の実現に失敗すれば、18年も早く東京とリニアで接続され、２０４５年までに大阪と名古屋の地位が逆転する可能性すら余裕で考えられるところとなっています。

さらには周辺の上海やシンガポールといった街々は、これからもさらに大きく発展していこうとしているのです。

そんな中で、大阪だけが、内向きで後ろ向きな自治体の解体分割などをやっていては、ここで申し上げたような様々な前向きのプロジェクトを強力に推し進めていくことができなくなってしまいます。

そしてそういった前向きのプロジェクトを都心で大々的に展開していくためには、実に様々なノウハウが必要になるのですが、そうしたノウハウは都心で事業を展開し続けてきた大阪市にはあっても、大阪府には必ずしも十分にはないのです。つまり、本章で詳しく指摘したように、「都構想」が実現してしまえば、「大大阪」をやり遂げる実力を失ってしまうことが危惧されているのです。

だからこそ、こうした前向きな大プロジェクトを推進するためには、ちょうど、ＡＫＢ48の前田敦子が映画の主演をやった「もしドラ」（もし高校野球の女子マネージャーがドラッカーの『マネジメント』を読んだら）のように、ダメダメ部員たちでも、むげに虐めたりクビにしたりするのではなく、１人１人の実情を見据えながら、少しずつやる気を出させ、それぞれの持ち味を引き出し、それを組み合わせて少しずつ強いチームに仕立て上げさせていく――そんな取り組みが求められているのです。

そうすればそんなダメダメ野球部が、前田敦子の持続的な働きかけを通して少しずつ強くなり、最終的には甲子園に出場することができたように、疲弊しつつある大阪を立て直すために、大阪のみならず、関西全域の**産、官、学のあらゆる関係者のやる気を少しずつ引き出し、チームをつくり上げ、強化し、**最終的に、東京を中心とした東日本巨大都市圏に匹敵する**「大大阪」都市圏をつくり上げていくこと**は決して不可能ではないのです。

そのために今、何が必要であり、何が必要でないのか——是非とも1人1人の大阪の皆様、そして日本の皆様に、じっくりとお考えいただきたいと思います。

そして言うまでもなく、自らの手で自らの「自治」を廃止するのか否かを問われている大阪市の人々においては、まずは、その投票に賛成を投ずるのか、反対を投ずるのかをしっかりと考えることが何よりも先決です。

無論、有権者には「棄権する自由」もあります。しかし、棄権する、つまり**投票に行かないという行為は「多数派の結果を受け入れることを積極的に是認した」ことを意味している**のです。ですからもしも、都構想実現にせよ都構想拒否にせよいずれか一方に対して「反対」の意思を持つ人々は、投票に行かなければ大いに後悔することとなるのは必定です。だからこそいかなる意見にせよ、もしもそんな後悔を避けたければ**投票に直接参加することが、何よりも求められている**のです。

——いずれにしても、そうした都構想＝大阪市廃止解体構想についての住民投票における適正な投票結果こそが、強く豊かな大阪をつくるうえで、決定的に重大な意味をもっています。

そして大阪がそんな適正な住民判断を契機として「大大阪」へとさらに大きく飛躍する

ことができれば、それを通して何が起ころうとも強くしなやかに堪え忍ぶことができる強靭な日本が形づくられていくこととなります。

そうした明るい大阪、関西、そして日本の行く末を自分たちの手で実現し続けていくためにも、大阪の人々のみならず日本全国の人々が、この日本の宝、大阪の問題を真正面から見据え、そこで求められる実践に1つ1つ取り組んでいかれますことを、心から祈念いたしたいと思います。

藤井聡（ふじい・さとし）

1968年奈良県生まれ。大阪教育大学付属高等学校平野校舎、および、京都大学卒業。同大学助教授、東京工業大学教授などを経て、京都大学大学院教授。京都大学レジリエンス実践ユニット長、2012年から18年までの安倍内閣・内閣官房参与を務める。専門は公共政策論。文部科学大臣表彰など受賞多数。著書に『大衆社会の処方箋』『〈凡庸〉という悪魔』『プラグマティズムの作法』『維新・改革の正体』『強靭化の思想』『プライマリーバランス亡国論』。共著に『デモクラシーの毒』『ブラック・デモクラシー』『国土学』など多数。新共著に『対談「炎上」日本のメカニズム』（文春新書）。「表現者塾」出身。「表現者クライテリオン」編集長。

都構想の真実　「大阪市廃止」が導く日本の没落

■発行日　令和2年10月15日発行

■著者　藤井聡
■発行社　漆原亮太
■発行所　啓文社書房
〒160-0022　東京都新宿区新宿1-26-14　パレ・ドール新宿7階
電話03-6709-8872
■発売所　啓文社
■DTP・カバー　茂呂田剛（有限会社エムアンドケイ）
■印刷・製本　シナノ印刷

ISBN 978-4-89992-072-4　C0095　Printed in Japan

◎写真（帯）：佐藤雄治